2020年度国家出版基金资助项目；
广州市人文社会科学重点研究基地“广州与中外文化交流研究中心”项目；
中山大学西学东渐文献馆项目。

中西关系略论

〔美〕林乐知／著

李彬／校注

晚清西学丛书

主编：梅谦立　周伟驰　姚达兑

南方日报出版社
NANFANG DAILY PRESS
中国·广州

图书在版编目（CIP）数据

中西关系略论 /（美）林乐知著；李彬校注 . -- 广州：南方日报出版社，2022.2
（晚清西学丛书 . 第二辑）
ISBN 978-7-5491-2319-3

Ⅰ . ①中… Ⅱ . ①林… ②李… Ⅲ . ①中外关系—研究 Ⅳ . ① D822

中国版本图书馆 CIP 数据核字 (2021) 第 265557 号

ZHONGXI GUANXI LUELUN
中西关系略论

著　　者：（美）林乐知
校 注 者：李　彬
出版发行：南方日报出版社
地　　址：广州市广州大道中 289 号
出 版 人：周山丹
出版统筹：谭庭浩
策划编辑：黎　衡
责任编辑：刘志一　李　哲
装帧设计：邓晓童
责任校对：魏智宏
责任技编：王　兰
经　　销：全国新华书店
印　　刷：广州市岭美文化科技有限公司
开　　本：889mm×1194mm　1/32
印　　张：8.25
字　　数：138 千字
版　　次：2022 年 2 月第 1 版
印　　次：2022 年 2 月第 1 次印刷
定　　价：38.00 元

投稿热线：（020）87360640　读者热线：（020）87363865
发现印装质量问题，影响阅读，请与承印厂联系调换。

总序一

梅谦立

近三十余年来，西学东渐方面的研究已取得了较好的成绩，尤其是晚明清初时段的研究，产生了不少新成果，在学界有不小的影响。从晚明延至晚清民国的西学东渐研究，这是很合理的研究趋势。晚清民国的西学东渐，并非从零开始，而是与晚明有着千丝万缕的联系。其实，在鸦片战争之前，晚明开始引入的西学，潜移默化之间已经渗透进中国社会文化的各个领域。

2006年，在倪梁康教授的领导下，中山大学组建了西学东渐文献馆，其宗旨在于借助广东的地缘优势，进行相关文献资料的收集、整理和研究工作，以推进西学东渐方面的研究。围绕着这一目标，文献馆稳步推进有关工作。比如，目前已连续出版了学术辑刊《西学东渐研究》，共8辑。2015年，文献馆与中国社会科学院周伟驰教授、中山大学姚达兑副教授筹划出版《晚清西学丛书》，侧重于晚清时具有一定影响力但当前还未作整理校注的西学著作。2016年，经广州市社会科学规划领导小组批准，在文献馆的基础上设立了广州市人文社会科学重点研究基地——中山大学广州与中外文化交流研究中心。中心亦随即加入推动落实《晚清西学丛书》的整理和出版计划。2018年，《晚清西学丛书》第一辑（共计七册）付梓。现在，丛书的第二辑亦将印行，包括《劝世良言》《普法战纪》《中西关系略论》《辨学启蒙》《西学略述　西学考略》《格致新机　格致新法》《时事新论》《百年一觉》《富国策》等九册十一种。除了《劝世良言》和《西学略述》在1980年代初曾经出版之外，其他的并没有再版，不易寻觅。这些著作涉及哲学、文学、政治、科学、经济等学科，呈现出晚清时期西学东渐的丰富性，同时对于追溯现代中国的西方哲学、文学、政治学、经济学、自然科学等学科的建立及发展都具有很大的价值。相信这些书的出版，能有助于高校师生和普通读者更为深入地了解晚清知识界的世界视野，以及西方知识在中国的传播过程。

在晚明清初的中西交流中，广州扮演了很重要的角色。延至晚清，尽管上海逐渐兴起，但广州在文化交流上的重要性并没有因此而衰落，在译介及出版方面仍处于领先地位。《晚清西学丛书》第二辑收入的一批曾经产生很大影响的文献，与广州作为中西文化交流的中心密切相关。《劝世良言》为基督新教第一位华人传道人、广东人梁发的著作。此书还收入了稀见的梁发《言行日记》《熟学圣理略论》《真道问答浅解》等。梁发一家曾生活在广州海珠区龙导尾附近。梁氏逝世之后，其墓还曾迁到岭南大学校园中央。《普法战纪》为王韬在香港撰写，在晚清产生了很大的影响，重印数次。《劝世良言》一定程度上影响了洪秀全领导的太平天国运动，《百年一觉》《时事新论》等对康有为、梁启超等维新派产生了巨大的影响。这些著作，提供了理解广东敢为天下先这一改革开放精神的思想背景。这些对于广州（乃至广东的）的历史文化研究，也有着重要的意义。

整理文献不是很起眼的工作，但需要相当的付出。好的整理工作，需要很谨慎，需要做很多研究性的工作。而在当前管理制度下，文献整理很难获得好的“工分”。因此，这一吃力不讨好的工作得以顺利完成，要非常感谢参与本辑丛书整理工作的杨汤琛、叶杨曦、周伟驰、李彬、吕飞跃、肖清和、马永康、王雨、张锦冬、姚达兑等诸位学者的付出，同时也感谢南方日报出版社编辑团队的精心编辑。

此外，本辑丛书获得了2020年度国家出版基金和广州市人文社科重点基地建设项目的资助，特此致谢。

2020年6月8日

总序二

周伟驰

一、晚清西学东渐的译述时期与转译时期

历史上发生过几次大规模的知识传播运动，表现为大规模的翻译运动，如希腊经典被译为阿拉伯语（百年翻译运动），阿拉伯语的希腊经典被译为拉丁语，印度佛典被译为汉文，日本明治维新后对于西方著作的翻译等。明清之际，西方知识开始向中国传播，虽然中间有过停顿，但西学东渐规模越来越大，在晚清呈现上升趋势，到民国达到一个高潮。改革开放后，更是以前所未有的速度快速进行，目前的态势用“方兴未艾”来形容也不为过。“西学东渐”作为一个过程，跟“中学西传”是一体两面。就西学东渐本身来说，在这个过程中，虽然也有少量著作是撰写的，但还是以翻译著作居多，可以说西学东渐是一个翻译的过程。

在明末以来这个生机勃勃的“400年翻译运动”中，晚清占有特殊地位。晚清译介者[1]来源是多种多样的，既有西方传教士也有中国学者，既有教会组织也有政府机构。翻译内容五花八门，从宗教知识到世俗知识，呈现出阶段性的特征。我们可以根据翻译活动的方式是直接翻译还是转译，是合作翻译还是独自翻译，概括地将晚清西学翻译分为两个时期，时间上大致以甲午战争至维新变法为界。甲午战争前是“译述时期”，维新变法失败后是“转译时期”。

[1] 本文所说的“西学东渐”是指西方知识在中国的传播，它们有些是通过直接翻译实现的，有些则是由一些人撰写著作实现的。本文重视翻译，但也重视介绍西方知识的著作。一般模糊地称为“译撰”或“译介”，如林乐知、花之安，既翻译又自己撰写、介绍西方的知识。再如一些中国学者，可能在不懂外文或仅是略懂外文的情况下，也编写一些西学著作，如王韬、王炳耀都可以放在西学东渐传播西学范围之下。

从马礼逊来华到戊戌变法失败后，翻译者主要是西方传教士及其中国助手，一般情况下是传教士“口译”，中国助手“笔述”。当然，这时期不是没有个别人士可以单独地进行翻译（如颜永京），但总体来说这样的人凤毛麟角，因此，我们可以把这一时期（1807—1898年）称为“译述时期”。这一时期的翻译者如果受雇于教会，则其翻译内容多为宗教类著作；如果受雇于清政府（如江南制造局翻译馆），则其翻译多为军事科技类著作；如果是自立的学会（如广学会），则人文社科类著作会多一些。

“译述时期”大致可分成三个阶段。从1807年马礼逊来华学习中文翻译《圣经》到第一次鸦片战争，为第一个阶段，翻译的主体为传教士及其中国助手，他们主要在中国的广州、澳门以及东南亚一带，翻译的内容主要是宗教书籍，也有一些地理、历史、科技的著作，还办了一些中文杂志。

第一次鸦片战争到第二次鸦片战争，为第二个阶段。这时香港被割占，广州之外，福州、厦门、宁波、上海成为通商口岸，太平天国运动使得中华帝国南部陷入战乱。以上海为中心，传教士在各大口岸与其中国助手翻译了一些宗教著作与文化著作，创办了一些中文杂志[1]。

在这两个阶段中，著名的译撰者有马礼逊、米怜、郭士立、麦都思、合信、俾士、湛约翰、罗孝全、艾约瑟、慕维廉、玛高温、伟烈亚力等，与之合作的中国人有李善兰、王韬、管嗣复、张福僖等人。这些传教士所出中文书刊对林则徐、梁廷枏、徐继畬、魏源都有影响，使他们成

[1] 第一、二个阶段的主要译著，可参考熊月之：《西学东渐与晚清社会》（修订版），北京：中国人民大学出版社2011年版，第105—109页及第三章。其出版数据主要依据伟烈亚力《基督教在华传教士纪念录》及苏精《马礼逊与中文印刷出版》。

为第一批睁眼看世界的中国人。较出名的出版中心有宁波花华圣经书房（1860年迁到上海后改名美华书馆）、上海墨海书馆等。

第二次鸦片战争到甲午战争和维新变法期间，为第三个阶段。这一阶段，太平天国被镇压，同光中兴，洋务运动兴起，以传教士为主的西方人士有一些服务于北京、上海、广州、福州、天津等地的清政府机构，与中国助手翻译了大量军事、科技、史地类著作。一些为教会服务的传教士翻译了一些宗教著作。一些有“文化传教”情怀的传教士则创办了广学会这类文化机构，他们办刊、出书，译述了一些社会科学类的著作。西学翻译的中心，在教会方面主要有广学会、益智书会、美华书馆、博济医局、上海土山湾印书馆、金陵汇文书院、福州美华书局，在官方和中国知识分子方面则主要有同文馆、江南制造局翻译馆、天津机器局、天津武备学堂、上海译书公会、农学报社、申报馆等[1]。活跃的口译者有嘉约翰、傅兰雅、金楷理、林乐知、李提摩太、艾约瑟、慕维廉、花之安、韦廉臣、舒高第[2]等人，著名的笔述者则有中国的王韬、沈毓桂、蔡尔康、徐寿、徐建寅、华蘅芳、钟天纬、瞿昂来、李凤苞、任廷旭、范祎等人，能从事独立翻译的有李问渔、颜永

[1] 熊月之列出了主要出版中心书目、京师同文馆译著书目，见熊月之：《西学东渐与晚清社会》（修订版），北京：中国人民大学出版社2011年版，第253—254页；江南制造局翻译馆译书目录，见第423—432页；广学会出版西书目录（1900年以前），见第446—447页。

[2] 舒高第是中国人，在美国学习过很长时间，中文笔译能力似不甚佳，翻译时尚需助手笔述。

京等少数几人[1]。他们译介的西方知识对洋务派、维新派、革命派，如李鸿章、张之洞、康有为、梁启超、谭嗣同等人都有影响，西方知识传播者的影响力在维新变法中达到顶峰。

甲午战争的战败意味着洋务运动的失败。向西方学习几乎成了朝野上下的共识，日本因为“同文同种”、路近学费低、现代化成绩较好而获得了梁启超、张之洞等人的青睐，他们认为留学日本学习西学是一个捷径。在他们的提倡下，清政府自1896年开始向日本派出留学生，人数逐年增多[2]。在废除科举的1905年和次年，留日人数达到顶峰，分别是8000人和1.2万人。1898年维新变法失败后逃亡日本的梁启超[3]，加上留日学生，使得从日文“转译西学”大为兴盛，翻译数量快速地超过了“译述时期”[4]，我们可将这一时期（1898—1911年）称为“转译时期”。这不是说在此阶段已没有“译述”和单独直译，广学会、

[1] 有些学者认为，晚清条约口岸围绕着当时传教士和清政府的翻译活动，出现了一批了解西学、倾向西学的中国知识分子，参考段怀清：《传教士与晚清口岸文人》，广州：广东人民出版社2007年版；王立群：《中国早期口岸知识分子形成的文化特征：王韬研究》，北京：北京大学出版社2009年版。

[2] 黄福庆：《清末留日学生》，台北：“中央研究院”近代史研究所1975年版，第2—3页。

[3] 梁启超在去日本之前的西学知识主要来源于译述，流亡日本后他凭借自创的“和文汉读法”，能够阅读日文著作。关于梁启超与明治思想界的关系，可参考狭间直树编：《梁启超·明治日本·西方》，北京：社会科学文献出版社2012年版；狭间直树主讲：《东亚近代文明史上的梁启超》，上海：上海人民出版社2016年版；郑匡民：《梁启超启蒙思想的东学背景》，上海：上海书店出版社2009年版。与梁启超相关的近代中日之间西学概念的翻译与传播，可参考狭间直树、石川祯浩主编，袁广泉等译：《近代东亚翻译概念的发生与传播》，北京：社会科学文献出版社2015年版；石川祯浩：《中国近代历史的表与里》，北京：北京大学出版社2015年版。

[4] 实滕惠秀：《中国人留学日本史》，北京：北京大学出版社2012年版，第167—207页。

严复、林纾亦仍在翻译，而只是说，在规模和影响上，这一阶段是以从日文“转译”过来的西学为主。民国后才进入对于西学大规模的“独立直译”阶段。

这一时期译介西学的机构有商务印书馆、译书汇编社、南洋公学译书院、广智书局、作新社、文明书局、会文学社（会文堂书局）、金粟斋译书处、教育世界出版社、新学会社、中国医学会等，翻译的内容侧重于社会科学和史地书籍，而应用科学与自然科学比重减少。译介者大多是留日者，如樊炳清、蔡元培、王国维、范迪吉等。

在“转译时期”，明治时期由日本学者创制的对译西方名词的“和制汉词”大量进入中文，有很多取代了“译述时期”的译法，成为今天我们仍然在应用的主流译词。这可能是自佛教词汇之后最大规模的“外来词”群体。像“哲学”“社会”“文学”“经济”“政治”“宗教”“自由”这类人文社科名词，都是来自和制汉词。这些词的总量在1000个左右[1]，实际数量可能远不止此。由于“转译”在广度和深度上远超此前的“译述”，和制汉词逐渐占据主流，替代了“译述时期”的许多译法，而使汉语基本词汇实现了“急速现代化”[2]。不过，明治和制汉词本身对于日本来说只是一个历史阶段现象。随着日本减少汉字学习，以及用“和制英语”的人越来越多，汉词及和语逐渐不用或少用[3]，汉字在日本的使用本身呈萎缩

[1] 周圣来：《美意识的种子：和制汉词对中国现代文学的影响》，香港：练习文化实验室有限公司2016年版，第89—93页；和制汉词总表参见该书第335—341页。

[2] 郎宓榭等著：《新词语新概念：西学译介与晚清汉语词汇之变迁》，济南：山东画报出版社2012年版，引言。

[3] 周圣来：《美意识的种子：和制汉词对中国现代文学的影响》，香港：练习文化实验室有限公司2016年版，第71—73页。

状态。但是，明治和制汉词在中文世界中反而站稳脚跟。可以说，今天中文世界的翻译已难以离开和制汉词。虽然里面问题很多，但是约定俗成，即使要作改良也只能逐步地进行了。

由“译述”逐渐向“转译”发展，这在书目汇编的变化中体现出来了。晚清新书的编目，除了出版者（如广学会）的年报外，比较集中的有：傅兰雅《译书事略》（江南制造局翻译西书事略），《格致汇编》1880年5—8月连载。孙维新《泰西格致之学与近刻翻译诸书详略得失何者为最要论》，本为上海格致书院作业，对140本西书做出比较评价，后刻印出来。梁启超《西学书目表》[1]，《时务报》报馆1896年版，录通商后西书名352种，附表录通商前西书名86种、近译未印书目88种。沈桐生《东西学书录提要总叙》，读有用书斋1897年出版。黄庆澄编《中西普通书目表》，上海算学报馆1898年刻，里面西学部分多取自梁启超《西学书目表》。徐维则编《东西学书录》，1899年出版。这些书目所录的绝大多数是“译述”著作。徐维则的《东西学书录》后来得到顾燮光帮助，顾燮光补充了从日文译为中文的西书，二人合编《增版东西学书录》，1902年出版。赵惟熙编《西学书目答问》，1901年出版。而上海通雅书局在1903年、1904年出版的《新学书目提要》，编者可能是一群留日学生。顾燮光《译书经眼录》，杭州金佳石好楼1934年印。这些书目中，最齐全的

[1]《西学书目表》，1896年武昌质学会重校本。该本前言《西学书目表序例》，亦载《时务报》（第八册），见《时务报》报馆编：《强学报时务报》（第一卷），北京：中华书局1991年版，第488—494页。

可以说是《增版东西学书录》和《译书经眼录》[1]。从这两本书可以看出，1900年后从日文转译的西学著作已成为当时翻译书的主流，在社会科学著作中占有绝对地位。据不完全统计，1896—1911年，中国翻译的日文书至少有1014种。这个数字远远超过此前半个世纪以来中国翻译西文书数量的总和，也大大超过同时期中国翻译西文书的数量[2]。而其中社会科学著作达366部，法律图书98部，政治图书96部[3]。

上面所说的西学著作多指图书，但是晚清介绍西学的还有一些中文报刊，不少著作都是先在报刊上登出再出单行本的。近代报刊的一般情况，可以参考戈公振《中国报学史》[4]的第三章“外报创始时期”以及美国白瑞华《中国近代报刊史》等[5]。关于这些报刊的详细目录，可以参考《中国近代期刊篇目汇录》[6]。

《西学书目表》《增版东西学书录》和《译书经眼录》，都侧重于科技类与社会科学类译著，许多书被遗漏，比如新教人士的著作。早期新教来华传教士所译撰的

[1] 这两个目录被收入熊月之：《晚清新学书目提要》，上海：上海书店出版社2014年版，前言。该书索引亦很有价值。

[2] 熊月之：《西学东渐与晚清社会》（修订版），北京：中国人民大学出版社2011年版，第509页。

[3] 谭汝谦主编：《中国译日本书综合目录》，香港：香港中文大学出版社1980年版。转自滕超：《权力博弈中的晚清法律翻译》，北京：中国社会科学出版社2014年版，第335页。

[4] 戈公振：《中国报学史》，上海：上海书店出版社2014年版。

[5] 白瑞华著，苏世军译：《中国近代报刊史》，北京：中央编译出版社2013年版；赵晓兰、吴潮：《传教士中文报刊史》，上海：复旦大学出版社2011年版。传教士中文报刊对维新派报刊有影响，可参考徐松荣：《维新派与近代报刊》，太原：山西古籍出版社1998年版。

[6] 上海图书馆编：《中国近代期刊篇目汇录》（一），上海：上海人民出版社1965年版。该书于1980年重印。

著作，可以参考伟烈亚力1867年出版的《基督教新教传教士在华名录》[1]；1860年后的新教译撰著作散落各处，近已有人系统整理，如黎子鹏的《中国基督教文字事业编年史：1860—1911》[2]。

二、译述时期的主要译撰者及其观念

从1807年马礼逊来华并准备翻译《圣经》到1911年清王朝覆灭，晚清可以说是经历了一个“百年翻译”运动。如果说最后13年（1898—1911年）是“转译”由无到有到兴盛的过程，那么，在此之前的90余年（1807—1898年）则是“译述时期”。虽然有不少翻译机构，但如果看最活跃的翻译者，我们会惊讶地发现，他们大多是新教传教士[3]。译得最多也最有名的，几乎全是传教士[4]，如伟烈

[1] Alexander Wylie, *Memorials of Protestant Missionaries giving a List of Their Publications, and Obituary Notices of the Deceased*. With Copious Indexes. Taipei: Ch' Eng-wen Publishing Company, 1867. 伟烈亚力著，赵康英译：《基督教新教传教士在华名录》，天津：天津人民出版社2013年版。

[2] 黎子鹏编著：《中国基督教文字事业编年史：1860—1911》，香港：基督教文艺出版社有限公司2015年版。

[3] 有的学者将传教士翻译分为三个阶段：1815—1842年，从南洋创办《察世俗每月统记传》至上海墨海书馆建立；1843—1887年，从上海墨海书馆建立至上海广学会成立；1888—1898年，广学会成立至维新变法失败。并列出了各时期的主要非宗教类著作。参考何绍斌：《越界与想象：晚清新教传教士译介史论》，上海：上海三联书店2008年版，第44—45页及第一章。这种分期法过分以上海为中心，而且太细。其实，无论宗教还是非宗教类书籍，晚清译述是多中心的，上海当然最活跃，但北京、广州、宁波、武汉等地也从未中断过。

[4] 改革开放后，对作为中国近代史上重要一环的传教士展开了大规模的翻译和研究。翻译中较为重要的系列是周振鹤教授主编并由广西师范大学出版社出版的“来华基督教传教士传记”丛书，黄兴涛、杨念群主编并由中华书局出版的“西方的中国形象”丛书。此外，亦有不少零散出版的传教士传记。

亚力[1]、傅兰雅[2]、林乐知[3]、丁韪良[4]、李提摩太[5]、金楷理等人，因为当时愿意来华且愿意从事文化传播的西方人士只有传教士。西方本土的知识分子没有机会、动力和经费来华，中国人也没有主动去请他们。这种局面要等到“五四”前后杜威、罗素受邀来华方有改变。传教士撰译宗教书籍是其来华的本行和义务，而译介科技、史地、人文社科著作，要么是因为受雇于清政府，要么是被“文化传教”“社会福音”的淑世情怀驱动[6]。如广学会的几位

[1] 汪晓勤：《中西科学交流的功臣：伟烈亚力》，北京：科学出版社2000年版。

[2] 王扬宗：《傅兰雅与近代中国的科学启蒙》，北京：科学出版社2000年版。傅兰雅在加州大学的全部英文档案已收入戴吉礼主编：《傅兰雅档案》，桂林：广西师范大学出版社2010年版。

[3] 贝奈特著，金莹译：《传教士新闻工作者在中国：林乐知和他的杂志（1860—1883）》，桂林：广西师范大学出版社2014年版；梁元生：《林乐知在华事业与〈万国公报〉》，香港：香港中文大学出版社1978年版；卢明玉：《译与异——林乐知译述与西学传播》，北京：首都经济贸易大学出版社2010年版。单篇论文当然更多，如查时杰：《林乐知的生平与志事》，载林治平主编：《基督教入华百七十年纪念集》，台北：台北宇宙光出版社1977年版。

[4] 丁韪良著，沈弘等译：《汉学菁华》，北京：世界图书出版公司2010年版；丁韪良著，沈弘等译：《中国觉醒》，北京：世界图书出版公司2010年版。目前关于丁韪良最好的研究著作，可参考王文兵：《丁韪良与中国》，北京：外语教学与研究出版社2008年版。

[5] 李提摩太：《亲历晚清四十五年——李提摩太在华回忆录》，天津：天津人民出版社2005年版。他人撰写的李提摩太传记，立场差异较大，主要有丁则良：《李提摩太》，上海：开明书店1951年版；苏慧廉著，山西大学外语学院《李提摩太传》翻译组译：《李提摩太传》，香港：世华天地出版社2002年版；苏慧廉著，关志远、关志英、何玉译：《李提摩太在中国》，桂林：广西师范大学出版社2007年版（按：后两书实为同一书，译者不同而已）。

[6] 近代传教士创办的中文报刊情况，可参考赵晓兰、吴潮：《传教士中文报刊史》，上海：复旦大学出版社2011年版。由于传教士是中文报纸的先驱，因此，在晚清早期，其办报史跟中国近代报刊史基本是重叠的。大陆较早系统地研究传教士与晚清现代化关系的，可参考王立新：《美国传教士与晚清中国现代化》，天津：天津人民出版社1997年版。该书于2008年出版第二版。

传教士，他们避开了直接传教的做法，也避免只译介实用性的技术，而是通过《万国公报》[1]等报刊和著书立说，对西方文明进行比较全面的介绍，这跟他们背后的一些基本信念有关。

19世纪来华的新教传教士，跟当时的西方人一样，都自觉不自觉地持有西方中心论，认为西方文明要优越于其他文明，西方的政治制度（民主、自由等）要优越于东方。对于他们来说，优越的根本原因是新教优越于别的宗教。这种观点可以称为“新教文明等级观”[2]，主要包括几个信念：从事实来看，西方文明无论在政治、经济、商贸、军事、科技方面都超出非西方文明，非西方文明逐步屈从于西方即真实的证据；追溯西方文明强大的根源，在于基督教，它使西方人有道德，有博爱精神，重团结，乐群，有求知精神，追求知识，在教育、慈善等方面都具有宗教精神；当时的国家富强等级是新教国家（英美德）强过天主教国家（法意西），基督教国家强过中国、印度、日本、土耳其等“半文半野”国家，更强过非洲、南太平洋野蛮人国家，这表明新教要优于天主教，基督教要优于异教；像日本这样的国家之所以进步，是因为吸收了

[1] 关于《万国公报》，早期有台湾王树槐和香港梁元生的研究，大陆较系统的研究有王林：《西学与变法——〈万国公报〉研究》，济南：齐鲁书社2004年版（该书根据作者1996年博士论文改编）；杨代春：《〈万国公报〉与晚清中西文化交流》，长沙：湖南人民出版社2002年版。

[2] 周伟驰：《晚清新教传教士的文明等级观》，《文景》，2012年第9期。亦见周伟驰：《太平天国与启示录》，北京：中国社会科学出版社2013年版，第276—308页。近来，一些学者对19世纪西方的一般文明等级观及其对中国的影响进行了研究，可参考刘禾主编：《世界秩序与文明等级：全球史研究的新途径》，北京：生活·读书·新知三联书店2016年版。

西方“教化”（文明）的长处，当然，它现在还没有学到“教道”（新教）。而拒绝学习西方的国家（如中国和土耳其），则往往面临险境。国家想强盛，就要像日本那样学习西方“教化”与“教道”。与启蒙主义思想家从“自由、平等、博爱”及“科学、民主、道德”等世俗价值观来看文明等级不同，传教士是从宗教的角度来看文明的本质和等级的。广学会的几个主要撰稿人如林乐知、李提摩太、韦廉臣、花之安[1]、艾约瑟、慕维廉、沈毓桂[2]都坚持这个观念。从某个角度上看，他们是马克斯·韦伯之前的“马克斯·韦伯”。

新教文明论在韦廉臣、花之安、李提摩太等人那里都有具体的论述，但在林乐知、沈毓桂的“三伦说”里得到了集中的表达。它认为，人上要面对上帝，下要处理万物，中间要对待同类，因此而有神伦、物伦和人伦。只有崇拜真神，才能正确地对待他人，以平等、自由、民主处之，才能正确地对待万物，发展科技，利用厚生。如果说神伦是强调基督教排他一神论，物伦则是要引入西方科技观念，以破除中国人的泛灵论和风水迷信之类阻碍现代化的观念（如风水严重阻碍了修铁路和开矿），那么人伦跟中国传统的人伦有什么不一样呢？在《教会新报》阶

[1] 对花之安的研究，可参考张硕：《汉学家花之安（Ernst Faber）思想研究》，北京：知识产权出版社2013年版。

[2] 易惠莉：《西学东渐与中国传统知识分子：沈毓桂个案研究》，长春：吉林人民出版社1993年版。较早的对传教士个体的介绍可参考顾长声：《从马礼逊到司徒雷登——来华新教传教士评传》，上海：上海书店出版社2005年版。至于艾约瑟、慕维廉、韦廉臣，尚未看到相关的研究专著。在对待基督教与中国文化的高低评估上，传教士虽然总体上扬耶抑儒，但个体存在着程度上的差异，如李提摩太和李佳白较为和缓，林乐知则较为严峻。

段，林乐知尚侧重耶儒在仁义礼智、忠孝节义、戒律上的一致，但随着甲午战争严重暴露中国文化的负面因素，林乐知开始强调新教人伦异于且优越于儒教之处，以美国式的自由、民主、平等来反衬儒教的专制、束缚、愚昧，较为系统地揭露并批判了儒教的负面影响。正如在印度的传教士对印度文化的批判促进了印度知识分子的启蒙主义一样，传教士与中国基督徒对中国文化风俗陋习（从男尊女卑、缠足到专制）的系统批判，启发了从康有为、梁启超到新文化运动的文化反思与启蒙主义。

今天，如果我们系统地阅读《教会新报》和《万国公报》上中外作者的文章，就会发现，对中国传统宗教的批判，对皇权、族权、夫权、神权的批判，对国民性的批判，以及提倡白话文、汉字拼音化，在晚清已经全面展开，只不过用词没有那么激烈。他们的这种反思与批判，可以称为近代第一波启蒙主义运动。如果说陈独秀、鲁迅、胡适等人是以现代西方科学民主思想来批判中国传统文化，那么这第一波启蒙主义运动就是以现代新教思想[1]来批判中国传统文化。

西学对晚清各方面，尤其对政治和思想方面，一直持续发挥着影响。从林则徐、魏源、徐继畬到洪仁玕和冯桂芬这样的新式思想家，一步步地向前深化，直到在戊戌

[1] 现代新教思想是在基督教的视野下容纳科学与民主，它跟苏格兰启蒙、英美温和的改良传统有关，它并不认为基督教与科学、民主是矛盾的。这种兼容论的思想视野，在民国初期的赵紫宸那里都还存在。而新文化运动的主导方向则是排除了信仰的科学与民主，近似于法俄无神论与世俗化传统。

运动中达到高潮。康有为、梁启超、谭嗣同[1]等人受李提摩太、林乐知的影响是十分显著的[2]，他们的许多改革建议、新知识和新思想，直接来源于广学会、江南制造局翻译馆的著作[3]。经过义和团运动的反西方文明后，清朝痛定思痛，决定实行君主立宪，不仅西学在“转译”中迎来新一波高潮，连民教关系也在双方的反思和克制下开始缓和，基督教迎来一个平稳增长期。西学不仅对经世派、改良派、洋务派、维新派有影响，对一早一晚以洪秀全和孙中山为代表的反清人士亦有影响。太平天国与基督教的关系甚深，尤其深受《圣经》与《劝世良言》的影响[4]。孙中山早年自命“洪秀全第二”，1894年他曾在《万国公报》上发表《上李傅相书》[5]，改良不成后，决定采取革命方式再造中华，其早期追随者与起义人员中多为基督教

---

[1] 张灏著，崔志海、葛夫平译：《烈士精神与批判意识：谭嗣同思想的分析》，北京：中央编译出版社2016年版，第45—51页。朱维铮先生在谈到西学对谭嗣同的影响时说：“谭嗣同非但同意彻底西化，甚至像王韬一样，以为西方列强侵略中国是好事，可以加速中国的革新。”参考李天纲编校：《万国公报文选》，上海：中西书局2012年版，第24页。

[2] 王树槐：《外人与戊戌变法》，上海：上海书店出版社1998年版（原书于1965年在台湾出版）；梁元生：《林乐知在华事业与〈万国公报〉》，香港：香港中文大学出版社1978年版；房德邻：《〈万国公报〉与戊戌变法》，《北京师范大学学报》，1986年第6期。

[3] 强学会办的《万国公报》（与上海《万国公报》同名）和《中外纪闻》，许多内容即直接转自传教士所办刊物。关于维新派所办报刊的一般情况，可参考徐松荣：《维新派与近代报刊》，太原：山西古籍出版社1998年版。

[4] 可参考周伟驰：《太平天国与启示录》，北京：中国社会科学出版社2013年版。

[5] 李天纲编校：《万国公报文选》，上海：中西书局2012年版，第269—279页。

徒[1]。这是因为他们受到西方现代思想的影响，具有了新的世界观和价值观，不能再忍受清朝的腐败统治。在晚清，香港、广东、上海等沿海地区和海外，中国基督教徒已呈现网络状分布，通过与西方基督教世界的连接，他们中间正酝酿着一些新的思想和人群、改造社会和国家的力量，也酝酿着新世界各行业的领袖[2]。

梁启超在关于明清学术思想史的著作[3]中，对西学的影响和意义做了高度评价。但是，后来者在撰写中国近代史时，由于种种原因，对于晚清西方人士如何译介西学，将新的思想和观念传递给中国知识分子（口岸文人），并通过他们的笔影响到中国思想界，进而影响到中国历史，整体上的研究尚不足。比如，桑兵等著的近800页巨著《近代中国的知识与制度转型》[4]，就很少谈到晚清译述带来的知识变化，而直接从日本的影响开始。相比之下，《剑桥中国晚清史》[5]，则用了《1900年以前的基督教传教

［1］梁寿华：《革命先驱：基督徒与晚清中国革命的起源》，香港：宣道出版社2007年版；李志刚：《洪秀全与孙中山对耶儒的认识及推行革命的比较》，载《基督教与中国近代文化》，香港：基督教文化学会2009年版；李志刚主编：《辛亥革命与香港基督教》，香港：基督教文化学会2009年版。

［2］罗元旭：《东成西就：七个华人基督教家族与中西交流百年》，北京：生活·读书·新知三联书店2014年版。讲述了上海互有姻亲关系的七大基督教家族的崛起历史。其实，在香港、广东、福建也有不少这样的基督教世家。

［3］梁启超：《论中国学术思想变迁之大势》，上海：上海古籍出版社2001年版，第135—136页；梁启超：《清代学术概论·儒家哲学》，天津：天津古籍出版社2003年版，第85—87页；梁启超：《中国近三百年学术史》，天津：天津古籍出版社2003年版，第30—31页。

［4］桑兵等著：《近代中国的知识与制度转型》，北京：经济科学出版社2013年版。

［5］费正清、刘广京编：《剑桥中国晚清史》，北京：中国社会科学出版社2006年版。

活动及其影响》一章专门讨论这种影响，显得比较平衡。

在资料上，与明清时期西学东渐重要文献逐渐得到系统出版[1]不同，晚清西学文献（包括宗教文献）一直没有得到系统整理出版，相关著作的出版只能比较孤立而零散地进行。比如，在人文社科书籍方面，上海书店出版社2002年“近代文献丛刊”出版过晚清几本产生过重要影响的西学书，如李提摩太译《泰西新史揽要》、花之安编著《自西徂东》、林乐知译《文学兴国策》、丁韪良译《万国公法》、傅兰雅译《佐治刍言》等。上海科学技术文献出版社2012年出版了《江南制造局译书丛编》，将当年江南制造局翻译馆的译著予以出版，除了工程类书籍外，还选了较有思想性的“政史类”书籍，收入《佐治刍言》《列国岁计政要》《西美战史》《俄国新志》《法国新志》《埏纮外乘》《四裔编年表》《各国交涉公法论》《各国交涉便法论》《公法总论》《美国宪法纂释》《欧洲东方交涉记》《英俄印度交涉书》《东方时局论略》等。2014年，上海书店出版社影印出版了全套《万国公报》，在清晰度上超过了当年曾普惠于学界的台版《万国公报》。在宗教类书籍方面，最近几年，上海大学陶飞亚教授对近代基督教（包括新教）文献的总量和馆藏情况做

[1] 最近代表为张西平等主编：《梵蒂冈图书馆藏明清中西文化交流史文献丛刊》（第一辑），郑州：大象出版社2014年版。它基本涵盖了以往相关的出版物。另可参考钟鸣旦等编：《法国国家图书馆明清天主教文献》，台北：台北利氏学社2009年版；周岩编校：《明末清初天主教史文献新编》，北京：国家图书馆出版社2013年版。黄兴涛、王国荣编：《明清之际西学文本》，北京：中华书局2013年版。

了一个系统摸底，取得了很大成就，可以作为以后出版的一个路线图。在港台，一些新教传教士的著作开始得到搜集、整理和出版，郭士立、丁韪良、米怜、宾为霖、理雅各、杨格非等人的中文著作选集开始出现[1]。

不过，跟晚清西学的总量相比，这只是沧海一粟。例如，广学会当年出版了大量著作，后来有机会重新出版的并不多见。

我们出版这套《晚清西学丛书》，是希望能搜集、整理出一些具有代表性的晚清西学译撰著作，填空补缺，为还原晚清思想的全貌做一些添砖加瓦的工作。我们希望能促进对晚清西学的研究和重新评估，将之作为明末清初至今完整的“西学东渐”上的重要一环，予以独立的突显。

三、晚清西学东渐中的岭南西学

鸦片战争之前，广州是清朝对外开放的唯一港口，也因此是西学东渐的唯一口岸。以新教传教士为代表的具有现代知识的西方人士，都是先到广州[2]，如马礼逊、裨治文、卫三畏等人；鸦片战争后，香港被割占，上海、

[1] 周联华主持，曾庆豹、吴昶兴主编的“汉语基督教经典文库集成”系列，在香港橄榄出版有限公司出版，已出版的晚清传教士文献有黎子鹏编注：《晚清基督教叙事文学选粹》（2012年）、《赎罪之道传：郭实猎基督教小说集》（2013年）、《天道溯源：丁韪良基督教作品选粹》（2013年）。

[2] 梁碧莹教授介绍了跟广州关系密切的20多位美国人，其中有一小半是传教士。参考梁碧莹：《美国人在广州：1784—1912》，广州：广东人民出版社2014年版；雷雨田主编：《近代来粤传教士评传》，上海：百家出版社2004年版。晚清来华传教士介绍了马礼逊、郭士立、米怜、麦都思、裨治文、卫三畏、伯驾、嘉约翰、罗孝全、理雅各、合信、明稽章。

厦门、福州、宁波开放后，西方人士才逐渐分头奔向这些沿海城市。在很长一个时期内，广州在西学东渐中占有优势，但后来逐渐被上海赶超。关于广州为何被上海赶超[1]，以及何时被上海超过，曾经有过讨论。一个主要的可能原因是，鸦片战争后，按《南京条约》的规定广州应对英国人开放，但广州人抗拒，前前后后拖了十五年[2]，正是在这一时期，一些西方人士开始从广州迁往上海，广州西学人才外流。虽然如此，广州也仍旧是近代文化中一个极其重要的中心点。广东人容易接受新的生活方式和思想观念。反观一下中国近现代史就能知道，从太平天国起，“南风北吹”跟“西学东渐”几乎是同步的。这种态势甚至持续到改革开放的今天。

在近代报刊创办上，广州领先一步。广州原为清朝唯一通商口岸，早期来华西方人士为让西方人了解中国而创办了一些英文期刊，同时又创办了一些中文报刊，一是为了向中国人传教，二是为了让中国人了解西方，促进文化交流，增加西方文明对中国人的影响。中文报刊中，较为连贯且有影响的，包括《东西洋考每月统记传》《察世俗每月统记传》《遐迩贯珍》，都是在广州、香港与南洋创办的。后来，上海和北京的发展速度超过广州，《六合丛谈》《格致汇编》《万国公报》均在上海创办，《中西闻见录》则在北京创办。维新时期京沪涌现了一些报刊，如《中外纪闻》《强学报》《时务报》等。同一时期在广州

---

[1] 熊月之：《西学东渐与晚清社会》（修订版），北京：中国人民大学出版社2011年版，第167—168页。

[2] 王毅：《皇家亚洲文会北中国支会研究》，上海：上海书店出版社2005年版，第4—5页。

也有一些新的报刊，但是影响力主要在南方和南洋一带。

西方知识也以著作的形式在广东出现。1834年，西方人士在广州成立了“在华实用知识传播会”（Society for the Diffusion of Useful Knowledge in China），裨治文和郭士立（郭实腊）是其中主力。该会出版的著作包括：郭士立《大英国统志》（1834年）、郭士立《古今万国纲鉴录》（1838年）、《犹太国史》（1839年）、《贸易通志》（1840年）、《万国地理全集》（1838年）、郭士立主编《东西洋考每月统记传》（1837—1838年）、裨治文《美理哥合省国志略》（1838年）、罗伯聃《意拾喻言》（1838年）、裨治文《广东方言撮要》（*Chinese Chrestomathy in Canton Dialect*）[1]。1843—1860年之间，西方人士在广州出版的中文书刊，除了《圣经》、传教小册子、词典和年鉴外，还主要有裨治文《亚墨理格合众国志略》（1844年）、合信《天文略论》（1849年）、合信《全体新论》（1851年）、哈巴安德《耶稣教要理问答》（1851年）和《耶稣正教问答》（1852年）、合信《博物新编》（1855年）、湛约翰《上帝总论》（1856年）、俾士《地理略论》（1859年）、纪好弼《醒世要言》（1859年）和《真教问答》（1859年）、嘉约翰《经验奇症略述》（1860年）等[2]。鸦片战争后，原在广州的一些西方人士逐渐转移到上海。1857年，裨治文、卫三畏、艾约瑟、雒

[1] 沈国威：《打造专业术语：以19世纪的英汉词典为中心》，载郎宓榭等著：《新词语新概念：西学译介与晚清汉语词汇之变迁》，济南：山东画报出版社2012年版，第299页。

[2] 熊月之：《西学东渐与晚清社会》（修订版），北京：中国人民大学出版社2011年版，第129—130页。

魏林等18人决定成立“上海文理学会”，后来它成为皇家亚洲文会北中国支会[1]。上海的西方人士办报著书的越来越多，使上海成为传播西学的最大中心，但广东仍有叶纳清（1864年去世）、花之安（1839—1899）等人在从事译撰活动。花之安于1886年去上海，但其主要著作是在广东时完成的。

广州作为晚清最重要的西学中心之一，其西学传播从来就没有停止过。上文显示，在广州以至广东的西学著作以宗教类和医学类为突出，马礼逊、梁发、合信、嘉约翰都是显著者。一些用粤语翻译的文学著作，如《天路历程》、《人灵战纪》、《辜苏历程》（即《鲁滨孙漂流记》），在粤语文学中有一席之地，可视为《虾球传》的先驱。即便在近代国际公法方面，也是广州的伯驾节译瓦泰尔《国际法》在前[2]，丁韪良翻译惠顿《万国公法》在后。

由于开放最早，广东得风气之先，其西学视野领先内地一步，不少广东人从事西学的介绍或引进。如鸦片战争前，对西方最了解的中国人是梁廷枏，他著有《海国四说》《夷氛纪闻》等。跟随马礼逊和米怜学习的梁发，其《劝世良言》直接影响了太平天国运动。洪仁玕在香港与传教士韩山文、理雅各等人交往，阅读他们出版的中文著作，使他能够写出中国近代第一个现代化纲领《资政新篇》。再如跟德国人关系密切的东莞世族王家，第一代王元琛是郭士立的弟子，王元琛之子王炳耀和王炳堃跟叶纳

[1] 王毅：《皇家亚洲文会北中国支会研究》，上海：上海书店出版社2005年版，第11—13页。

[2] 谭树林：《美国传教士伯驾在华活动研究：1834—1857》，北京：群言出版社2010年版，第179页。

清、花之安等人有师承关系，交往密切，王炳耀与孙中山也有深厚友情，其子王宠惠后来成为民国外交部长和总理，他们都有西学著译问世。再如南海人何进善（福堂），他是理雅各在马六甲任教于英华书院时的学生，著有宗教书多部，其子何启是维新派思想家，女婿伍廷芳曾任清廷驻美公使和民国外交总长。像王元琛、何进善这样的世家尚有不少。至于郑观应、康有为、梁启超、黄遵宪等思想家，张荫桓、何如璋等具有新思想的官员就不多说了。甚至康有为的弟子、创办孔教会的高要人陈焕章，也到美国拿了一个博士学位（1911年），其英文著作《孔门理财学》还被马克斯·韦伯引用过。陈氏对儒教的认识已经是在全球化的视野中，含有与西学比较的问题意识，跟传统的儒家大为不同。广东人久在西学熏染中，自觉不自觉地以西学促中学，以中学解西学，融会贯通，创立新学。康有为之参照基督教创立孔教就是一例。

四、编选说明

我们这套丛书，选取了晚清西学中较重要的一部分进行校注。在“西学”范围上，我们不做严格限定，而大致指跟泛称“西方”有关的知识和思想。在时间方面，我们所说的“晚清”，限定在1807—1911年之间，若有个别作品或作者实在重要而延伸至明末清初或民国，也可做灵活的处理。比如，某些译者或作者的选集文章发表时代横跨清朝、民国两个时期。在地域方面，凡是以汉文译撰的著作，不管它们是在南洋、港澳或内地产生的，都可以入选。在作者方面，不管是西方人还是中国人，是直接翻译还是借鉴后独创，都可以入选。由于是立足于广州和广东，我们会侧重广东的西学传统。

我们选书的考虑，大致有如下几个方面：

第一，对晚清思想界和社会产生过影响的西学著作，比如，影响过晚清经世派、洋务派、维新派、革命派甚至保守派的著作。产生影响的译撰著作不一定是在西方本身重要的著作，但在当时晚清的形势下，它们影响了很多中国人，甚至改变了中国的历史进程。如《佐治刍言》《泰西新史揽要》《百年一觉》《大同学》《中东战纪本末》《中西关系略论》《治心免病法》《西学略述》《列国变通兴盛记》《时事新论》《西学考略》《格物探原》等。

第二，有些书的影响较小或几乎没什么影响，但它们在西方本身有重要的历史地位，也有永久的价值，因此是值得重视的，如哲学名著培根的《格致新机》（即《新工具》）[1]，以及一些文学名著，如《天路历程》《鲁滨孙漂流记》等。这些名著在民国还有不同的译本，甚至直到今天还在产生新的译本。回过头去看晚清的译本，一些词语和概念的不同译法，显得别有一番风味。

第三，还有些是因为晚清译本提供了另一种翻译的可能性，具有语言考古价值。晚清译述出现在日语转译之前，译撰者尚未受到和制汉词的影响，而根据汉语自身的规则与历史进行翻译，因此为今日西学的翻译提供了另外的可能性。比如颜永京、丁韪良关于心理学的著译，艾约

[1] 邹振环：《影响中国近代社会的一百种译作》，北京：中国对外翻译出版公司1996年版，第80—87页。该书较详细地介绍了《谈天》《重学》《佐治刍言》《心灵学》《泰西新史揽要》《治心免病法》《文学兴国策》《百年一觉》等书。

瑟、傅兰雅关于政治经济学的著译，里面很多关键词语的译法跟现代汉语译法（大部分为和制汉词）颇为不同，值得玩味。这就如同在文学上，新文化运动掀起白话文革命之初，涌现了很多种白话文的可能性，在今天语言越来越趋于统一和相同的情况下，回过头去考察白话文革命之初的种种表达方式，有可能像敞开新的空间一样。在一种语言的构成中，词语是基本细胞，作为思想的直接现实，语言意味着思想的界限，重新审视汉语革命的历史，也就是对现代思想史的一种反省。近年来，学界对中国哲学史、思想史有过反思和争论，如现代中国人用“现代汉语”来研究中国古代“哲学”等，是否等于“汉话胡说”，是否在“以西解中”？对于近代以来学科的分类、变迁，基本词语和概念的巨大变革，我们可以借由对这些处于变革前夜的晚清西学译著典籍的“渐变”所进行的微观考察，来重新把握和理解现代中国人思维内容与方式变革的过程，也对诸如“自由”“哲学”这类重要译词是否能准确表达西文原词展开反思和探讨。与此相关，对于一些在和制汉词中传过程中起到了重要作用但今天很少被人提起的转译本，我们也会予以注意。比如王国维翻译桑木严翼的《哲学概论》、元良勇次郎的《心理学》及《伦理学》等等，就既对王国维本人的思想发展起过作用[1]，也对哲学类和制汉词进入中文世界有所影响。在译述和转译之间，相对来说，我们会侧重于译述时期的译撰著作。

第四，虽然我们所理解的“西学”是广义的西学，但

［1］可参考佛雏：《王国维哲学译稿研究》，北京：社会科学文献出版社2006年版。

由于出版数量有限，我们会侧重于考虑各领域的代表作。比如天文学，晚清相关著译是相当多的，我们可能只选最早也最具代表性的伟烈亚力和李善兰译述本《谈天》，以及他们两人译述的《几何原本》和《代数学》，艾约瑟和李善兰译述的《重学》，合信编译的《博物新编》。当时有开创性的植物学、动物学等自然科学著译也将酌情选入，当然，如果今天其他出版社已有出版，我们会尽量避免重复[1]。晚清历史、地理的著译相当多[2]，我们也只选有代表性的。在人文社会科学方面，可以考虑比较中英法律、详细介绍英美陪审团制度的哲美森《华英谳案定章考》，中国人介绍英法政治制度的刘启彤《英政概》《法政概》，徐建寅《德国议院章程》，李佳白比较各国政治制度的《列国政治异同考》，详细介绍美国宪法的林乐知《环游地球略述》，以及舒高第、郑昌棪译述的《美国宪法纂释》（1907年）等。在西方思想的译介上，虽然只是到了"转译时期"才大盛，但译述中也有不少，比如李提摩太和马林对社会主义的介绍，尤其是马林发表在《万国公报》上含有基督教社会主义成分的关于地租、公正、平等的文章，对孙中山等人产生过影响。在宗教方面，宣教著作我们不会选，但比较有特色或者有历史价值，或者在今天仍有比较宗教、比较经学和比较神学意义的少量译撰著作，会适当选入。韦廉臣、艾约瑟对古埃及、波斯、希

[1] 韦廉臣、艾约瑟口译，李善兰笔述：《植物学》，上海：上海交通大学出版社2014年版。该书原于1858年由上海墨海书馆出版，拟定了许多专有名词，对后世有影响。该书此次是作为刘华杰主编的"博物学文化"丛书中的一本出版的。

[2] 艾约瑟译的《希腊志略》《罗马校略》得到出版，参考陈德正、韩薛兵校注：《〈希腊志略〉〈罗马志略〉校注》，北京：商务印书馆2014年版。

腊、罗马的宗教情况做了较多的介绍。在哲学思想等方面，艾约瑟、林乐知等人介绍了古希腊、古罗马和中世纪哲学，林乐知的包含十四本书的《自历明证》丛书，就详细介绍了基督教八大教父中的两位即奥古斯丁和金口约翰的生平与学说，以及日本明治维新时期同志社大学的创办人新岛襄的传记，其篇幅在中文世界里都是前无古人的。在文学方面，比如艾约瑟对弥尔顿、库柏诗歌的译介，都堪称最早。

第五，如前所说，广州在晚清西学东渐中有特殊地位，西学对广东敢为天下先的近现代文化有着潜移默化的影响，并随着广东人走向全国而在全国产生影响。我们将选择有广东特色的译撰著作，包括方言作品，以呈现一个鲜活的广东近代西学传统。

第六，虽然晚清西学著译不少，但我们侧重于以往不太受重视和整理的那些著作，而对于已得到很好整理、校注或市面上易得的著作，如严复的译著、容闳的《西学东渐记》等，则尽量避免重复，因此我们的选择含有一种“补遗”的意味，以呈现一个更丰富、更立体、更多面的历史。

五、致谢

在倪梁康教授的主持下，中山大学在2006年成立西学东渐文献馆，搜集、整理西学东渐文献与资料，并定期出版《西学东渐研究》，目前主要有法国籍的梅谦立教授做明清天主教文献研究，倪教授本人做唯识学和现象学的比较研究。我本科毕业于中山大学哲学系，中山大学是我的母校，我跟中山大学有特殊的情谊。近些年我在做晚清新教研究，涵盖的范围从太平天国到广学会和康有为、梁启超维新派之关系，正属于“晚清西学东渐”范围。因我父母在广东，每次我回家探亲，都会去看望在中山大学的师友，如哲学系的陈立胜老师和中文系的新进学者姚达兑。姚达兑是80后学者，他对近代西方文学的中译颇有研究，对出版晚清西学很有兴趣。2015年夏天，我与陈立胜老师拜见倪梁康教授，谈起西学东渐，说起我和姚达兑约了几个海内外同人想做晚清西学校注，只是出版资金一时遇到困难。倪教授听闻后，觉得此事有益于西学东渐研究，也有益于社会和学界，乐意促进此事，于是决定将这套丛书置于西学东渐文献馆的项目当中，通过广州市人文社会科学重点研究基地“广州与中外文化交流研究中心”及广州市科创委“西学东渐与广州21世纪海上丝绸之路”专项基金的经费予以资助。我们决心放眼长远，编出一套有参考价值的丛书。

晚清西学的校注与普通古籍的校注尚有不同，在文言之外，尚有外语（英法德日）及西学知识的问题，校注起来有额外的难度，相关人员寻找起来非常不容易。为找到这套丛书每本书的校注者，姚达兑和我可没有少在网上和微信上讨论。最后，对丛书的校注，我们找到了几位学贯中西、学养上佳的年轻学者，他们都是海内外名校毕业的博士，有的长期从事中西文化比较的工作，堪称“合适的人做合适的事”。

此项计划的完成，有赖于一些机构和个人的帮助。尤其是以下机构：中山大学西学东渐文献馆、广州与中外文化交流研究中心、南方日报出版社、“十三五”国家重点图书出版规划、国家出版基金和“西学东渐与广州21世纪海上丝绸之路”专项基金；以下个人：倪梁康教授、张伟教授、梅谦立教授，以及加盟本项目校注工作的学者肖清和、马永康、赵璐、张洪彬、李彬、王雨、龚昊、孙若圣、韩晓、葛小辉、窦新光、杨汤琛、叶杨曦、陈思行、张锦冬、司佳、吕飞跃等。姚达兑在联系校注者和出版社方面付出了大量劳动，很多实际的工作也是他在做，在此我要特别感谢他。希望我们的丛书能够有益于读者与学术界，越做越好。

2017年6月26日

2020年3月22日略有修订

《中西关系略论》导读

李　彬

一、时空与人

两次鸦片战争重创了顽固腐朽的清政府，对中国社会经济、政治、军事、文化思想等方面产生深刻影响，令李鸿章等人惊呼中国遭遇了“数千年未有之变局”，感到了中西权势易位下的时代危机。这种危险到19世纪70年代，进一步凸显。在领土上，英法俄日等外国列强，不断得寸进尺，北危新疆蒙古，南胁云南广西，西馋西藏要地，东涎琉球台湾，以致边衅日起，国无宁日，令中国的生存空间受到严重挑战和压缩；在政教上，随着来华传教士的日益增多，民教冲突逐渐凸显，以1870年轰动中外的天津教案最为典型，成为中外矛盾之要节。然则另一方面，天朝国门被西方用坚船利炮轰开后，中华民族遭遇到了在中西知识、制度、技术上的“三千年未有之变局”，被“技不如人”“落后挨打”的窘境深深困扰。西学东渐，狂风骤雨中又不乏和风丽日，让传统中国人碰到了“数千年未有之强敌”，真正陷入了“大变局迷思”，直至今日仍不得不一遍遍地重复“李鸿章之叹”。

在中西大局上，同治十三年（1874）李鸿章分析道：

历代备边，多在西北，其强弱之势，主客之形，皆适相埒，且犹有中外界限。今则东南海疆万余里，各国通商传教，往来自如，麇集京师及各省腹地，阳托和好之名，阴怀吞噬之计，一国生事，诸国构煽，实为数千年来未有之变局。轮船电报之速，瞬息千里，军器机事之精，工力百倍；炮弹所到，无坚不摧；水陆关隘，不足限制，又为数千年来未有之强敌。外患之乘，变幻如此，而我犹欲以成法制之，譬如医者疗疾，不问何症，概投之以古方，诚未见其效也。[1]

洋人的“奇技淫巧”和“联合构陷”，让天朝上国的“孔孟之道”和“以夷制夷”的传统办法，开始失效。在与异质文明交流博弈的过程中，大清国虽大却弱，很少能成功地“分夷”“惑夷”，反而常常被“强夷”所制，泪食苦果，徒呼奈何。如何在弱肉强食的丛林世界中生存下去，尽量保持自主，少吃点亏，是清朝上下不得不面对的大问题。经过书报、战争以及出国游历等环节，通过对比，部分中国人已经认识到：原来对面的“强夷”，在文治武功上，远比自己发达得多，自己的国家反倒是明显不及；别人对自己的了解，在很多方面，不仅超过自己对别人的了解，甚至可能超过自我认识。故以往的“斥夷”话语除了民族正义外，剩下的不乏夜郎自大和欺人瞒己。以往的“夷人”话语，在权势转移和西学东渐的背景下，逐渐让位于“洋人”或者“西人”等称呼，客观上承认了对方的平等地位，继而承认技不如人，敌强我弱，又怕吃亏挨打，且心有不服，只能硬着头皮去学习敌国的“奇技淫巧”，去学习西方。

对于如何学习和对待西方，处理中西关系，解决自身的危局，国内外均开出了不同的药方。本书的编著者林乐知，作为美国传教士的重要代表，不同于中外政客，对中国处理中西关系和谋求富强，则提出了别样的道路。

[1] 李鸿章：《海防筹议折》（同治十三年十一月初二日），见顾廷龙、戴逸主编：《李鸿章全集·奏议六》，合肥：安徽教育出版社2008年版，第159—160页。

林乐知本名Young John Allen（1836—1907），按汉译当为“杨格·约翰·艾林”，不过为了融入中国社会，“杨格”来华后给自己起了汉名“林乐知”。他生于美国佐治亚州伯克县，后成为美国监理会牧师，近代著名来华美国传教士。林乐知的一生，大体分为两个时期。前二十四年基本生活在美国，后四十七年基本在中国度过，尤其是在上海。

林乐知的美国时期，奠定了林乐知一生的宗教信仰和思想文化基础，是其入华宣教活动的渊源。林乐知幼时孤苦，生前丧父，生后离母，所幸一则家本富裕，二则舅父母仁爱，将其抚养成人。笃信基督的舅父母对林乐知影响颇大，助其从小树立了基督信仰。林乐知决心学习神学，宣教行善，故入爱默里学院（Emory College）。在求学期间，林乐知不仅藏书爱书，博览群书，广泛涉及宗教、文学、政治、经济、自然科学等等，更好学深思，积极参与辩论，为日后的旁征博引和深广译述打下了基础。林氏自称“乐知”，可谓名副其实。1858年，林乐知正式毕业，被南部监理会按立为牧师，随后被派往中国传教。

1859—1860年，林乐知经过长途跋涉，来到中国上海，此后至1907年开启了人生的第二个阶段，以上海为中心进行活动，长达四十余年，可谓其上海时期。来到中国上海后，在差会的支持下，林乐知花了近两年的时间学习汉文，打下了语言基础。不过不久因为美国南北战争爆发，差会接济中断，林乐知不得不在上海一带自谋生计，在两年之内为养家糊口而劳碌奔波，其间曾探访太平军，但观察虚实后，不愿支持，后在1863年受聘为上海广方言馆教习，终得一安稳职业，1868年随广方言馆迁入江南制造局编译馆，兼任翻译，从此走上对华译述和教育的大道。

林乐知一生事业，大体分为传教、译述、办报和教育四类。其传教地区主要在上海周围，在传教手段上与利玛窦颇为相似，走从上至下之路。林乐知积极接触士大夫，走上层路线，从上到下进行言传活动，介于“社会派”和“自由派”之间，有很强的入世心态。从19世纪60年代末开始，林乐知逐步交结各色人物，编织自己在华复杂的人际网络，上至李鸿章等著名督抚，中至王韬、蔡尔康等趋新士绅，下至周边的富商大贾，逐步确立起自己的特殊地位。

在教育上，林乐知先后在上海创办“中西书院”和“中西女塾”，推动了上海地区的新式教学，尤其是“中西女塾”，首次引入西方女子教育模式，提倡男女平等，对推动近代女子教育具有重要的示范作用。今人耳熟能详的“宋氏三姐妹”，就曾就读过该校[1]。

在办报上，1868年林乐知曾主办《教会新报》，目的在于宣传基督教和部分科学知识，影响逐步扩大。1874年《教会新报》转为《万国公报》，增加了除宗教外的中西政教、经济、科技等新闻和评论，有力地拓宽了读者群和销路，除1883—1889年中断外，一直出到林乐知1907年去世，成为晚清影响最大的报纸之一。《万国公报》包罗万象，积极宣传西学，推动思想解放，鼓吹洋务维新，对洋务派和维新派影响甚大。《万国公报》是晚清西学东渐的一大标志，既能深刻反映西学东渐的深度广度，又是晚清

[1] 解力夫、冯光著：《宋氏家族》，北京：社会科学文献出版社1996年版，第85—87页。陈晶著：《上海基督教会学校女子音乐教育研究》，上海：上海音乐学院出版社2016年版，第9页。

社会应对西学大潮的一扇窗口。《万国公报》既影响了中国人，也影响了相关外国人。林氏作为主编和审稿人，常常接触国内外新闻和观点，为其比较中西优劣，思考中外前后大势，进而建言献策提供了思想养料，也为其政教思想的酝酿和成熟提供了土壤。林乐知本人非常重视《万国公报》的宣传作用，在其上常撰重要政论，对洋务维新人士产生了一定影响。《中西关系略论》的底本话语，实则基本上出自《万国公报》。

在译述上，林乐知成果辉煌。在江南制造局编译馆时期，他的译著主要包括史地、军事、外交和格致学类书籍，具体包括《四夷编年表》《列国陆军志》《列国岁计政要》《水师章程》《东方时事略论》《格致启蒙》《中西关系略论》《制肥皂法》《东方交涉记》《制油烛法》《英俄印度交涉书》等。

后期林乐知译著之书增多，影响也逐步扩大，具体包括《中东战纪本末》《全球五大洲女俗通考》《文学兴国策》《俄国列皇纪略》《美国治法要略》《李傅相历聘欧美记》《德国最近进步史》《英兴记》《印度隶英十二益说》《兴华新议》《万国公法要略》《广学兴国策》《中西教化论衡》《中西互论》等等。其中目前被学界最广为传知和研究的当属《中东战纪本末》《全球五大洲女俗通考》和《文学兴国策》[1]。

用著作等身来形容林乐知的译述，可以说是名副其

［1］以上林乐知的生平和功业，参见贝奈特著，金莹译：《传教士新闻工作者在中国：林乐知和他的杂志（1860—1883）》，桂林：广西师范大学出版社2014年版。卢明玉著：《译与异：林乐知译述与西学传播》，北京：首都经济贸易大学出版社2010年版。范祎等著：《林乐知先生传》，民国丛书1924年版。

实。那么早期的《中西关系略论》，在林乐知的思想脉络和译著生涯中，究竟有怎样的位置和影响呢？

二、成书因缘

《中西关系略论》成书于光绪二年（1876年）。实际上底本在此之前早已于《万国公报》上陆续发布。后来林乐知之所以选择结集各篇，并附带赫德《局外旁观论》和威妥玛的《新议论略》，综合出版，显然是他深思熟虑的决定。以笔者所见，林乐知之所以会如此做，实有其外因和心结。

分析林氏结集出版的外因和心结，林乐知在书中的一语值得重视："本馆主自幼读书，纵观史册，凡阅政事报、时势报，无不尽心考究。即今在广方言馆，翻译西书，亦系史学俱多，故知无不言，言无不尽，非好预人家国事也。祉祈尽一己之心，与中国交好，而欲有益于中国焉耳。"[1]

联系当时的形势，可知在外因上，光绪前后的中外局势给了林乐知结集出版的动力。清廷正式启动洋务运动，延续"同治中兴"的气象，在军事实业以及内政外交上均有所进步，急需新学人才，以便拓展。另外，这时期频发的教案冲突和领土危机，也令国人需要了解有关中外格局和外国宗教的大体脉络。这为博览西书的林乐知提供了机会。林乐知希望用自己的所学所知，造福中国，以便"尽一己之心，与中国交好"。

这番话以及书中所道，其实也体现了林乐知社交处事的风格，即积极乐观，良善为师。林乐知从小就善于交

［1］林乐知著：《中西关系略论》，光绪二年活字版，第5页。

往，关心时政，时常与他人交流，助人为乐。他成为传教士后，相关言行更加明显。相比于狭窄保守的传教和处世方式，林乐知选择了积极乐观的入世态度，主动融入异地环境。他在书中的家国大政言论，明显是希望借思想言论对官绅产生影响，自上而下地推动中国的渐进改革。他在书中极力鼓吹通商贸、广学校、除腐败、用新才、建铁路、兴电报、练新兵等等，以便中国快速“谋富”。这对中国的长远发展都是有利的，符合人民大众的根本利益。中国历史后来的发展证明，林乐知的“谋富”所言，大部分均属正当。相比赫德、威妥玛等人赤裸裸的强权逻辑，林乐知并不恶毒，反而带有几分和善。

综合分析中外局势的演变、林乐知的性格及既往知识经验，林乐知积极参与对华文化事业，在书中常以“老师”自居，一则试图解惑政教诸端，二则指导国人如何办，三则在书中又给缺点甚多的当局口下积德，留有余地，其实体现出他汇编《中西关系略论》的真实心态：林乐知想凭西学议政参政，但又不想得罪过多，反映了其入世好事，但会鉴于权势而腾挪权变，适当地中庸处世，避免深度纠缠之倾向。这是林乐知既能够立足中国，同时又能示好外国尤其是母国的精明之处。

林乐知意图议政参政，所论政者，更偏向何物？序言撰者郑昌棪认为林氏出书在于“格致富强”，具有实用的一面[1]。此言不假，但是并没有道出林氏的全部真实意图。林乐知在书中曾言该书所论，要者“首贵通商，次重

[1] 林乐知著：《中西关系略论》，光绪二年活字版，郑昌棪序言。

传教”[1]。此言背后有其深刻的背景。

以天津教案为代表的晚清教案，让林乐知深感中国对基督教“认知之少”和“误会之大”。大部分教案虽在外国势力的压迫下得到暂时的解决，但是民心不服。林氏非常清楚民心不服和民教相争对传教的不良影响。因此他在书中提纲挈领，介绍基督教、伊斯兰教的基本源流，试图“辩证是非”，尝试着减少清朝官民对基督教的“无知”和“仇恨”。在林氏眼中的基督教，则是“天道之学，当然之理”，乃是中西“格致”的根本。林乐知与华人朋友均言传教一事，事关中西大局。从其文章内部比重来看，《中西关系略论》的宗教论文约占全书一半，分量很重。他在论述基督教时，特别隆重地以“天道之学”比附基督宗教，详细叙述基督教的渊源和派系分化，并且将其教义与儒家互较长短，比较优劣，显示基督教的优越性，突出宗教对“格致”学的根本意义[2]。文尾更是专门地附上总理衙门的《传教章程八条》以及美国驻华公使的批驳信，不断呈现中方在教案中的不是。这充分显示林乐知的目的是维护基督教正面教义及形象，便利对华传教。基督徒沈寿康，作为林乐知新闻事业的重要伙伴，在跋语中明言“今日中西关系之大则尤在传教一事”，更是一语点破了林乐知用心所在。鉴于基督教在中国尚未展开良好局面，且时有教案发生，林乐知此时出版此书，显然有护教和传教的目的。

因此《中西关系略论》的成书目的，实则有维新实用和护教传教的双重用意，希望中国变法图自强的同时，也

[1] 林乐知著：《中西关系略论》，光绪二年活字版，第29页。
[2] 同上书，卷二。

要善待基督教。

三、内延外流

内容评介

在论述范围上，《中西关系略论》虽称“略论”，实则包罗很广，纵跨东西南北，带有全球视野，因此显得气势磅礴；在轻重选择上，该书略中有要，要中有详，对中西关系中的政治、经济、文化等要节重点论述，显示林乐知去轻就重的选择，实则非一般泛论可比；在论述技巧上，林乐知多用文言短句，如四、六字句子，很少用繁杂长句，既朗朗上口，又简明爽快，还善用起兴、反问，以儒家经典话语和外国流行故事，作为背景或者依据，来加以纵横比较，颇有文采，让论述显得前提明确，逻辑严密，具有一定的雄辩性，也易引人注意。尤其是林乐知在论著中，常用疑问和反问重点突出中国问题，进而引出应对之道，环环相扣，递进深入，给人印象非常深刻。

全书分为四卷，附四幅图。其图依次为林乐知上半身画像、地球图、中英俄交界图、西域图。根据《万国公报》，图文内容早在光绪元年（1875年）就陆续刊载于报刊，至光绪二年（1876年）被结集出版。故其底本实则来自报刊。经过查找，笔者从《万国公报》上找到全部底本。两下比对，发现报刊版的《中西关系略论》，与图书版虽内容大致一样，但形式上稍有差异，在个别字词上亦有改动。按照林乐知的构思，报刊版《中西关系略论》内容实际上有“二十二论”，附加威妥玛、赫德政论，与目前学界熟知的图书版《中西关系略论》并不完全一致。二者具体章节参见以下。

报刊版章节	**图书版章节**
中西关系略论 欧州与中国关系紧要略论 申说欧洲人分布天下 第一论欧洲人分布天下之意 第二论欧洲人散布中原而英俄与中原为接壤之国 第三论中外交接宜如何联络如何维持　并图 第四论中外交接其联络维持之法究竟如何办理 第四论谋富之法 再续第四论谋富之法 第十论神理之学 续第十论神理之学 第十二续论神理之学 第十三续论神理之学 第十四论鸦片烟之害 第十五总结前论 第十六论回教本末 第十七论回教本末 第十八论回教散开形势 第十九次论回教来中国缘由 第二十次论西域舆图并喀什噶尔叛逆情形 第二十一次论西域关系情形 第二十二次总结前论 再录前《局外旁观论》 新议论略 中国宜招抚喀什噶尔之阿古柏论略	中西关系略论 卷一 地球图 一、节录南北洋通商大臣、各省督抚、总理衙门奏稿 二、论各大臣奏稿节略 三、欧州与中国关系紧要略论 四、申说欧州人分布天下 五、论欧州人分布天下之意 六、论欧洲人散布中原而英俄与中原为接壤之国 七、论中外交接如何联络如何维持　并图 八、论中外交接其联络维持之法究竟如何办理 九、论谋富之法 十、续论谋富之法 卷二 一、天道之学第一稿　论传教来历 二、天道之学第二稿　论传教为人解疑 三、天道之学第三稿　论传教各分其类 四、天道之学第四稿　论天主等教 五、论鸦片烟之害 六、总结前论 卷三 一、论回教本末 二、续论回教本末 三、论回教散开形势 四、论回教来中国缘由 五、论西域舆图与喀什噶尔叛逆情形　并图 六、总论西域关系情形 七、总结前论 八、补中国宜招抚喀什噶尔之阿古柏论略 卷四 一、录总税务司赫公德《局外旁观论》 二、录英钦差威公妥玛新议论略照会 三、新议论略 四、录曾文正公奏稿 五、译录总理衙门致各国驻京大臣信稿并章程八条 六、译录美国钦差镂公斐迪复总理衙门信稿

比较可知：从报刊版来看，林乐知最初并无系统论述《中西关系略论》之意，待刊列《申说欧洲人分布天下》后，才开启系列论述，并在标题上着重总冠“中西关系略论”，如“中西关系略论·第三论中外交接宜如何联络如何维持”等[1]。而图书版是报刊版的增订版，在论述逻辑上更加严密。在内容上，图书版增加了《节录南北洋通商大臣、各省督抚、总理衙门奏稿》《总理衙门致各国驻京大臣信稿并章程八条》《译录美国钦差镂公斐迪复总理衙门信稿》，较以前扩充了不少。在中间部分，林乐知对报刊版文章有所修改。修改有二，一为将报刊上“前论”或“刊列于后”的引介性文字删去，此外除了修改极个别文字外，其余没有改动，因此内容意思完全一致；二为将“神理之学”标题改成“天道之学”，有意突出基督宗教的地位，是图书版明显的改动。

在内容上，卷一有十节，按内容来分大致有三。第一节乃是同治十三年前后朝野有关中西交往的议论节略，作为林氏议论的引子。第二到第八节，林乐知重点分析欧洲人的分布和殖民势力、通商战略、中英俄交结纠纷，详细论证列强来华“惟在通商”的意图，反复强调中弱西强的形势，以此提出他眼中“救中国之方”：立约通商，允许外国前来贸易；学习西法，办洋务求富强。第九节到第十节，林氏重点议论中国如何“谋富”。林氏主张学习西法，振兴农工商，举办铁路、电报、开矿等新政。尤为值得注意的是，林乐知特别提出中国应该从速学习西方，建

[1] 参见林乐知著：《申说欧洲人分布天下》，见《万国公报》（第352卷），第18页。

立“储才馆”“新闻馆”，广泛学习社会和自然学科，重用“西学贤能”，如徐建寅、李凤苞、陈兰彬等等。他称赞李鸿章、沈葆桢等洋务派开明人士，尤其希望中国官绅社会能够明晰中西大局，奋起直追，努力实现富强，才能保住“自主之权”，与西方并驾齐驱。

客观地讲，林乐知所论“谋富之法”，即重用新学人才，推动中国的富强，对中国的长远发展是有利的。后人对此应当肯定。

在对待英俄关系上，林乐知一方面采取扬英抑俄的论调，提醒中国要高度警惕沙俄侵略“重土地”的一面，试图表达对中国的善意。但是另一方面，林乐知也有明显为殖民侵略辩护的一面。最典型的是，林乐知在第一卷中以“通商说”为由，来将西方对华举动之根本目的归结为“通商谋利”，为晚清时期英俄等国的殖民侵略进行不同程度的辩护，反映了林氏思维的另一面。

鸦片战争以来，英法等列强与沙俄不过是五十步笑百步，多属一丘之貉，屡屡以通商为借口，强闯边关，借机生事，联合构陷，强划势力范围甚至谋夺我领土，残害多少无辜民众[1]？！这岂是通商买卖那么简单！各国交往，通商谋利原本常见，但前提在于尊重各自主权，互利共赢。近代以来英俄法美等列强通过战争，强迫中国签订《南京条约》《天津条约》《北京条约》等一系列不平等条约，在双边贸易中攫取了大量的不平等利益。中国逐步丧失关税自主权、贸易自主权、司法自主权等等。在这种情况

[1] 参见丁名楠、余绳武著：《帝国主义侵华史》，北京：人民出版社1991年版。

下，林乐知让中国上下承认既往的城下之盟，低头示弱，而不是呼吁中国人民团结起来，推翻不平等条约，制定更加公平互利的规则，只是粗称“立约通商”，将侵略和通商混言，是不符合历史发展趋势的。

单就林氏乐道的“通商”而言，外国资本势力在近代中外贸易中亦极尽奸猾自私之相。即便外国在条约关税上的“值百抽五”政策，也往往做不到，不过一纸空文。外国以廉价的商品，大量对华倾销，横行无忌，与权贵官僚一起压榨中国的民脂民膏，导致白银财富大量外流。为了开发英国、法国、西班牙、葡萄牙等国的海外殖民地，这些国家又在闽粤一带，开启“苦力贸易”，贩卖和压榨廉价华工，于是就有了闽粤大众流不尽的“卖猪仔”血泪[1]。“苦力贸易”是欧美列强叫嚣最响的通商和移民声音，然而他们给予了中国他们的最惠国待遇吗？即便是最善于言辞的林氏老家——美国，不少时候也不过是佛口蛇心，多数拿华工当廉价贱民来用罢了，甚至利用之后掀起排华运动，必欲除之而后快[2]。很多华工“生入地狱之门，死做海岛之鬼”，备受压榨，惨死海外，更别提致富回国了。在这种情况下，何谈彻底的“富强”？

近代中西矛盾和社会发展大势，使独立富强成为中国的时代主题。近代中国要想富强，先得努力争取一定的独立自主。但是如何独立和富强，中外说法不一。近代中国历史上大体出现了三种“独立富强”的道路模式：第一种

［1］参见吴凤斌著：《契约华工史》，南昌：江西人民出版社1988年版。
［2］参见杨国标、刘汉标、杨安尧著：《美国华侨史》，广州：广东教育出版社1989年版。

是极端狭隘式的排外自保之路，非中必反，逢西必除，以故步自封、排外隔绝的手法，对抗日新月异的外部世界，典型如义和团，结果成事不足，败事有余，注定是不能成功的；第二种便是高度依赖殖民势力的傀儡依附之路，一切仰人鼻息，毫无自主权，任人摆布，丧失了政权和民族的尊严，典型如伪满洲国和汪伪政权，结局必然是被人民大众所唾弃；第三种便是主张立足中国本位，独立自尊但又不自闭，诚实地看到中外差距，谦虚认真地学习一切国家的优秀文明，取长补短，逐渐赶超，最终实现中外平等互利。

近现代中国要想实现真正的独立自主和富国强民，需要有独立民族气节的先进中国人，在独立自主的前提下，学习先进，进而革新发展。这实际上是一种自主富强。这说起来容易，做起来难。如何具体实现“自主富强”，实则大有学问。一来外国文明之强大，绝非朝夕所成，后发国家速成也难，必须长期积累；二来想通过学习他人诀窍，回收利权，意图强大，以实现与前日强权平起平坐，实则未必你情我愿，在利益博弈的过程中必然荆棘满路，充满艰辛，以致横生枝节。这也就注定近代中国要想实现最后的自主富强之梦，必然要经历多样的妥协和漫长的博弈。

以林乐知为代表的外国人士，对此似乎就提出了这种折中式的渠道，即从委曲求全下的“顺从富强”，逐渐达到“自主富强”。鉴于中国是弱国，争战多败，要想胜利自主，必须富强，获得与西方大略相似的物质基础才行，否则所有的抵抗和发展多属空话、大话。林乐知认为中国应当采取“识时务者为俊杰”的态度，暂时委曲求全，向强者低头认输，满足强权的部分要求，然后在强权的许可下缓慢发展，渐达富强，进而争取“自主之权”。这其中不乏为殖民侵略辩护之意，但是林乐知能够向中国提出渐达富强自主之道，对清政府不失为一条可行的道路，与单纯的侵略牟利是不完全一致的。

在敌强我弱的背景下，任何党派团体想要自保发展，都不得不先度过一段艰难的妥协之路，逐步富强获得相当实力后，才能相对彻底地获得独立自主。但是弱国委曲求全的顺从富强，是权势不公的血泪之道，是一种被迫的生存自保之道，绝不是一种自然正常的发展道路。委曲求全的顺从富强之道，最终会让位于独立自主的自主富强之道，逐步实现平等互利。林乐知为近代中国筹谋的发展道路，对今日中外关系仍然有一定的参考价值。

卷二着重论述基督教的渊源流变，强调传教问题在中西关系中的重要性。林乐知在这一卷，一则用移花接木的手法，将基督宗教比附中国儒家话语中的“天道之学”，乃至真至善之理，为“理学”等中学所不及；二则批评中国的偶像崇拜和多神信仰，指责中国人“无所依附”；三则大体叙述了基督宗教的分化，即天主教、东正教和新教的基本渊源流变和规模大小；四则重点分析了天主教的教阶制度及特点，一方面突出新教的不同和优点，将教案推到天主教头上，另一方面批评中国对育婴堂、教会学校等认知上的谬误；五则批评鸦片泛滥之害。

林乐知对基督教源流和派系的基本系统梳理，对中国了解教派大概和区别对待具有一定的作用。不过林乐知的论述，也是打了折扣的。一则在叙述三大教派的分化上，林乐知故意隐去宗教理论上的分歧，如“三位一体”问题以及祸乱欧洲上百年的宗教战争，以免尴尬；二则在教案责任上，林乐知把责任推给天主教和中方，故意把新教撇得干干净净。在近代教案史，天主教是激起教案的主角，本是事实，但是有些新教传教士亦是激起教案者，并不就是纯洁无辜的。

对鸦片贸易和鸦片吸食的批判，显示了林乐知内心深处的善良和正义，言语中充满了对中国的同情，希望中国能彻底禁绝鸦片。值得注意的是，在论述鸦片问题以及之前的中外贸易时，林乐知较早注意到东西文明和国民性格的比较，一则提出“外国视古昔如孩提，视今时如成人；中国以古初为无加，以今时为不及”，客观上指出了传统中国好古非今的特点；二则认为“东人性近于静”“西人性近于动”，颇似后来杜亚泉、陈独秀等人有关东西文明色彩之比较，当为近代中国东西文明比较之先河。不过令人诧异的是，林乐知的中西国民性格比较，却破天荒地用到了论证“东人性近于静，所以迷于鸦片者多”这种假问题上，诚为惊天谬论。且林乐知为示好清政府，主张放任国内鸦片种植和吸食，来抵御印度鸦片，并采取重税策略挽回利权，虽自知此法乃是“诸多不善法种之稍善者”，但仍言之凿凿，故论述亦不免有亏。

在卷三，作为西方传教士，林乐知第一个用汉语简译伊斯兰教经典《古兰经》大略，以此大体梳理了伊斯兰教的缘起和传播史，在研究汉译伊斯兰经典论著及伊斯兰教史上有一定的价值[1]。不过，受制于时代和宗教立场，

[1] 文廷式著：《纯常子枝语》，扬州：江苏广陵古籍刻印社1990年版，卷十一。马明良：《〈古兰经〉汉译活动与伊斯兰教本土化》，《世界宗教研究》，2011年第2期。

林乐知在论述伊斯兰教的过程中，对有的问题未作平实叙述。对于伊斯兰的崛起和发展，甚少谈及伊斯兰教在地区开发和文化发展等方面的贡献。本校注本重在呈现文献的原貌，但对其偏颇的宗教立场和少数相关言辞并不认同，故对其略加注释，读者可自察之。另外值得注意的是，林乐知论述了英俄在新疆问题上的争执，有利于清朝官绅了解西域大势。但在对清朝收复新疆问题上，林乐知有明显偏袒英国等殖民主义者之倾向，甚至还提出招抚阿古柏之策，客观上不利于清朝收复新疆进度。如果招抚管用的话，左宗棠等人就无须远征了。当时清廷没有听其言论，最后选择了强力平叛，成功收复了新疆，否则还不知惹出多少后患来。

卷四附录了赫德之《局外旁观论》、威妥玛《新议论略》、曾国藩对中外关系认知的奏稿、总理衙门的《传教章程》以及美国驻华大使镂斐迪的复文，具有非常高的文献价值。以往这些文献多散见于相关奏稿，并不统一，甚至稀见难见。尤其是《传教章程》非常稀见，且版本不一。林乐知作为传教士，精熟英汉语言，本就非常熟悉和重视清朝的传教政策，此次将《传教章程》汉译成文，具有一定的权威性，可供近代宗教史研究参考。同治年间赫德、威妥玛、曾国藩等人对中西关系的议论文本，由于涉及清朝内部诸多弊端，多被清朝视作秘密，严防外传。社会对此知之较少。林乐知首次将其结集出版，暴露清政府的软弱无能愚蠢，对刺激国人觉醒和奋起具有一定作用。但故意揭短，也注定林乐知的《中西关系略论》在当时不受待见。

在总结中，林乐知曾不无挑衅地提出了超时空性的概论："华人能造万里长城于旱地，不能造万里长城于海上。"一语点破明清以来闭关锁国和落后的海洋战略，导致晚清中国的闭塞和衰弱。他反复警告中国再也不能像以往那样闭关锁国，掩耳盗铃了，需要重新正视眼前的强大敌人或者朋友。而双方是敌是友，"有无关系，究不在西人，而在中国"，特别强调中国的内在应变。

外部流传

《中西关系略论》书成出版后，对林乐知、洋务派、维新派等产生了一定影响。

首先，《中西关系略论》成为林乐知"中国观"的重要基础，尤其对中国政论具有先导性作用。林乐知非常看重《中西关系略论》中的政论，将其当作观察和衡量中国新政的基准，在19世纪80年代也时常按照书中大概向清廷官绅进言献策，成为其对华政治活动的一部分。受《中西关系略论》的启发，林乐知在《万国公报》刊载《富国利民略论》，继续对华鼓吹变革[1]。

在林乐知的后期论著中，《中西关系略论》的相关思想言论，也被融入进去。比如甲午战后的林氏名著《中东战纪本末》和《李傅相历聘欧美记》等，均能见到《中西关系略论》的影子[2]。林乐知之所以在甲午前后，反复提及1876年出版的《中西关系略论》，实则反映了他对华

[1] 参见易惠莉著：《郑观应评传》，南京：南京大学出版社1998年版，第130—133页。

[2] 参见林乐知著译，蔡尔康纂辑：《中东战纪本末》（卷七—卷八），台北：文海出版社1980年版。林乐知著译，蔡尔康纂辑：《李傅相历聘欧美记》，长沙：岳麓书社1998年版，林氏序言。

人不能及早采纳其言，身体力行，以致被人凌辱，不得不苟且偷生的深度遗憾。他曾不无伤感道："鄙人寓华四十载，虽无与闻国政之责，而业已既有耳目，岂能无所见闻……惟自命寓华之老友，而冀逆旅主人有勃然而兴之一日……总而言之，实悲中国不迎已至之光。鄙人前作《中西关系略论》，业已大声疾呼，乃空山之中徒弹琴而向明月，伤心悚目，匪今斯今，然终报不忍绝望之心。"[1]这番言语，颇似《红楼梦》中焦大在贾府破家时的忠逆之言。忠言逆耳，良药苦口。在林氏内心深处，如果当时的中国能够及早采纳和实行他所提出的富强策略，兴许就可以避免后来的种种惨剧，中国会成功走上良性的渐进改革之路，实现富强自主。但历史不能假设，最后只能让林乐知弹琴恨明月，不断地苦口婆心，希望来者有所改观。

在外部，据沈毓桂跋语可知《中西关系略论》集成后，先于武汉被校勘，待发行出版后，林乐知又请当时影响较大的《申报》排印，并反复宣传，定价在"大钱三百文"，在上海墨海书馆等地广为发行[2]。可见林氏对推广《中西关系略论》确实下了一番功夫，更反映出他希望清廷及早采行其言的急切。

据林乐知的交际圈，该书对洋务派和维新人士产生了一定的影响。最先受影响的当属与林氏交好的朋友，如

[1] 林乐知著译，蔡尔康纂辑：《李傅相历聘欧美记》，长沙：岳麓书社1998年版，林氏序言。

[2] 沈毓桂：《中西关系略论·跋》，见《万国公报》（第十五册），第9243页。或参见李天纲编校：《万国公报文选》，北京：生活·读书·新知三联书店1998年版，第200—201页。《出售中西关系略论》，《申报》1876年9月20日第6版。

蔡尔康、沈毓桂、郑昌棪等人，他们对林氏的时局分析和格致富强策略颇以为然。沈毓桂甚至赞叹该书为“世界中不可少之书”。洋务派官绅郭嵩焘、薛福成、郑观应等，也曾读过《中西关系略论》，在富国强兵的论述上多有模仿[1]。后期在戊戌变法时期，康有为、文廷式等人也曾读过这本书，对推动戊戌思想维新具有一定的积极意义[2]。不过当时的社会，对林乐知苦心筹划的“忠逆之言”之反响，并没有期望的那么大。之所以如此，一则《中西关系略论》带有较浓的宗教辩护色彩，尤其是公开指责信风水不懂格致、疑教打教者为“小人”，乃至批评清廷“小人当道”，必然会引起不少中国官民的反感；二则清朝当时政教气候的转折，注定了该书要埋没一段时间。清廷办理洋务运动的核心思想是“中体西用”，而《中西关系略论》或明或暗所主张中国实行西式政教体制，必然与其格格不入。就在《中西关系略论》出版后不久，清朝便对郭嵩焘《使西纪程》之“中西政体论”，展开激烈争论。最终倾赞“西洋国政民风”的郭嵩焘，被严厉攻讦，黯然辞职归乡，而《使西纪程》最终被毁版禁行[3]。这种政治气候对《中西关系略论》的公开流行并不利。《中西关系略论》有关中西政教论述，比《使西纪程》甚至有过之而无不及。相比处境堪虞的郭嵩焘，林乐知因有外国势力为护

[1] 参见手代木有儿著，李鹏运译：《钟天纬的中西文明论——西方体验与林乐知〈中西关系略论〉的影响》，《近代中国》，2013年第23辑。

[2] 李济琛主编：《戊戌风云录》，北京：金城出版社2014年版，第133页。黄晶著：《康有为传》，北京：北京联合出版公司2013年版，第65页。文廷式著：《纯常子枝语》，扬州：江苏广陵古籍刻印社1990年版，卷十一。

[3] 杨锡贵：《郭嵩焘〈使西纪程〉毁版述评》，《船山学刊》，2013年第4期。

符，所以清朝官吏不能奈他几何，但对其相似论调，则会远之斥之。在这种情况下，《中西关系略论》自然处境尴尬，公开反应者少。

但良药苦口，历史上预见性的良性建议，往往不被时人充分尊重和理解。林乐知看到了近代中国的发展大势，但没料到当时清朝官绅士民的惰性会如此之大。变法图自强和善待基督教，是林乐知寄托于清王朝的两大愿望。结果清王朝一个也没做好。在林乐知内心深处，或许希望中国能成为下一个基督教强国。但这不过是他的一厢情愿而已。在国内变革上，清朝没有及早地实行林乐知所期望的政治、经济、军事、科技等全方位的变法革新，以致有林氏后来之叹。甲午战后，时人在《中东战纪本末》等启发下，才猛然想起这本书，然则已是时过境迁，空山弹琴诉余恨了。

另外，林乐知在书中所担忧的民教相争相仇之事，在清末竟成为事实。该书对清朝民教相争影响微弱，甲午战后民教之争反在北方愈演愈烈，终于导致义和团事件，引来八国联军侵华，成为清王朝衰亡的重要导火索。

四、校注说明

在搜寻和校注的过程中，非常感谢周伟驰和姚达兑二大贤的大力支持。尤其是姚老师，慷慨地提供《中西关系略论》底本，匡我不逮。在校对上，特别感谢周伟驰教授。周老师学识精深，愿于百忙中帮助复校书稿，提出了许多宝贵的针对性意见。其细致和精到之处，令后学既感且佩。其德高之处，诚为后学典范。后学只能不断努力，以期减少误差。

笔者选用《中西关系略论》版本时，先后比较过澳大利亚国家图书馆藏本和哈佛燕京图书馆藏本。二者基本一致，然澳藏版有其缺漏，哈佛藏版更加完整清晰，最后以哈佛藏版进行校注。感谢在美读书工作之友朋帮助，才使版本搜集顺利。再者由于时代久远，书内图像不是很清晰，利用现代技术也难有提高。可图片本是历史的重要理解工具，为便于阅读和使用该书，校注者也将原书中的图片全部截出加入。阅者可寻找相关地图加以比对，或可解惑。

在本书的编辑和出版过程中，感谢周伟驰、姚达兑先生之厚爱，感谢南方日报出版社的大力支持。尤其是编辑，细心严谨，良善热诚，在编校过程中助我甚多，劳苦功高。没有刘志一和李哲两位编辑的从旁协助和指正，拙稿必将有诸多疏漏。故此书之成，非我之独功也。能为学界添砖加瓦则幸甚，但由于学识有限，难免疏漏，不足之处还请方家指正。

中西关系略论

[美] 林乐知　著
李　彬　校注

林乐知像

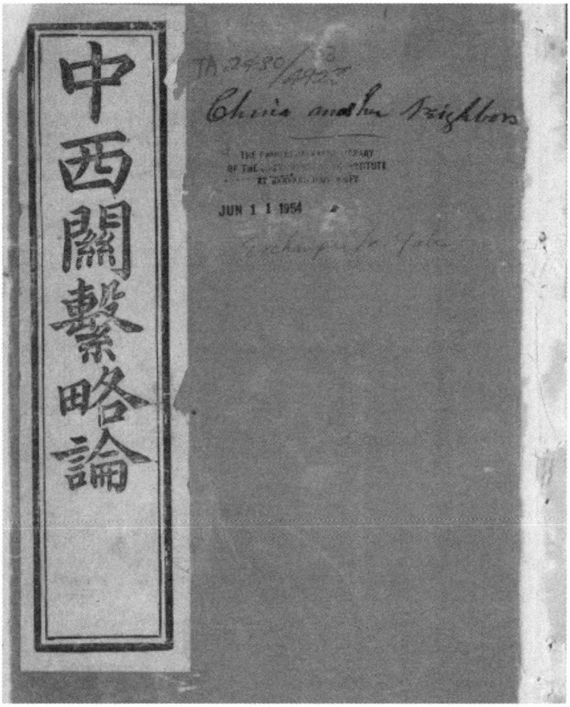

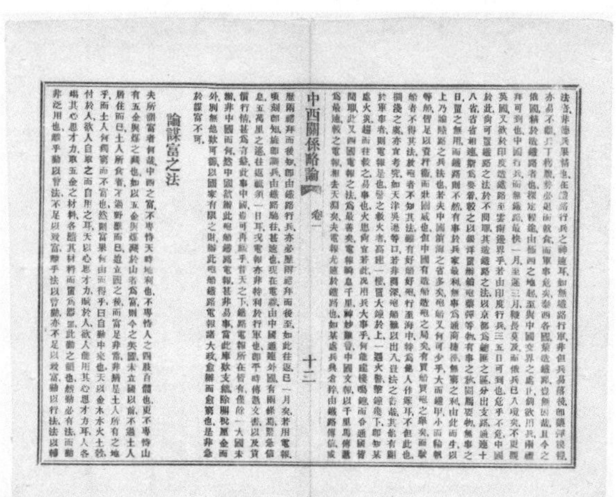
中西關係略論 卷一 十二

論謀富之法

夫所謂富者何哉，中西之富，不專恃天時地利也，不專恃人之四肢百體也，更不專恃山有五金與煤之藏也……

《中西关系略论》书影

光緒二年孟秋中浣

中西關繫略論

活字板印

中西關係略論

論實爲西人遠來中國、而特述其來意也、來意云何、首貫通商、次重傳教而已、顧通商自然之勢也、關係何有哉、己所不欲、勿施於人、此以己心而度人心是也、傳教天道之學也、關係何有哉、有善於己、當與人同、此以愛己而爲愛人是也、然莫謂全無關係也、其關係之所由生、生於國之不富不强、與人心不明耳、既知關係之所在、何可不設法以杜其漸、而爲萬全之局哉、夫此萬全之局、莫先於强、强而後富、而生財之道、在其中矣、第生財之道、非一人所能私、亦非一國所獨擅也、彼有所求、此有所與、有無相通、而聯絡之勢矣、所謂聯絡者、彼有所來、此無所往、名雖聯絡、豈得謂之聯絡乎、此 簡放 欽差領事、駐紮外洋、設立儲才館、咸就時賢之議、所由起也、論及此、而知今昔之勢懸殊矣、昔也中國不知有西人、交界之事、可置若無聞、今也西人散布於中原、交涉之端、萬不能免、以萬不可免者、而强欲免之、吾知其難矣、華人能造萬里長城於旱地、不能造萬里長城於海上、當此之時、非惟海上不能造萬里長城、即旱地亦今非昔比、可任華人造萬里長城以自固也、推西人通商之心、有不可遏之勢、即有不可止之境、愈來愈衆、愈逼愈近、謂無關係可也、謂有關係亦可、蓋有無關係、究不在西人、而在中國、何也、西人勇於奮興、華人安於舊習、一强一弱、兩相形而勝負不自此分乎、本館主從旁觀之、華人好靜不好動、前次論鴉片之害、已爲華人揭其隱衷矣、其尤甚者、中國之各自爲謀也、彼疆此界、畛域之見太明、小而一家一族、大而一郡一省、各顧己之平安、不念他人之危困、在當年行之、已非所宜、

《中西关系略论》书影

中西关系略论序

忆昔咸丰初年，在西湖讲舍，读曾文正公奏疏[1]，谠言侃侃。大旨在重实学，而帖括[2]白折，非所当务。如韩非云，所养非所用，所用非所养，向窃疑之[3]。

谓国家取进贤才，非此无以觇其所学。乃今观之，始信文正实驰域外之观，特未畅陈今日当务耳。夫当务非他，

［1］曾文正，即曾国藩（1811—1872），字涤生，湖南湘乡人，谥号文正，湘军的创始人之一，历任兵部侍郎、两江总督、直隶总督，武英殿大学士，清代著名政治家。咸丰初年及以前曾文正言人才与学务奏折者，当为道光三十年三月《应诏陈言书》和咸丰元年四月《敬陈圣德三端预防流弊疏》。其中又以后者影响最大。时任礼部右侍郎的曾文正在好友刘蓉、罗泽南的鼓动下，于《敬陈圣德三端预防流弊疏》，破天荒地指责新皇咸丰虚伪懒惰，力陈择人务实勤政之必要，逆鳞进谏，引起朝野轰动，流传很广，影响甚大，成为文正一生重要的转折点。郑昌棪所阅者，应是从邸报或他人转抄中所获，以曾文正之《敬陈圣德三端预防流弊疏》的可能较大。原奏书参见曾国藩著：《曾国藩全集》（第一册），长沙：岳麓书社2011年版，第5—9页，第23—26页。茅海建著：《苦命天子：咸丰皇帝奕詝》，上海：上海人民出版社1995年版，第80—83页。

［2］帖括，一般指唐以后用歌诀形式呈现的生涩难懂的文字，后为八股应试的一部分，泛指八股文。

［3］韩非，战国时期法家代表人物。“所养非所用，所用非所养”，语出司马迁《史记·韩非列传》：“今者所养非所用，所用非所养。悲廉直不容于邪枉之臣，观往者得失之变，故作《孤愤》《五蠹》《内外储》《说林》《说难》十余万言。”此语未见《韩非子》中，尚不知韩非是否说过。故比对句意，郑昌棪此语实则可能来自《史记》，而非《韩非子》。

格致而已矣。《大学》一书，治平之道，基于格致[1]。今之数学、化学、制造学、植物学等，皆格致也。西国首事格致，国由是富，民由是强，识力坚定，有恃无恐。而国之取信于民者益固。其水师则有铁甲之坚，其陆军则有火车之速。又设电线以捷消息，四方有警，瞬息即知。万里之遥，不旬日而兵可齐集。军火粮饷，输转如意。又商民布满洲岛，平日得保卫之益，咸受约束，一闻筹饷，虽千万缗可立济。是遵何术哉？

中原向与外洋隔绝，故莫从得其要领[2]。今西人策日影而至者，肩背相望，富强之道，不求自与。究其本，诚不外格致一学。格致之为益大矣哉！予今环顾四裔，北则俄罗斯，西则英之印度[3]，南则法属安南[4]，东则日本、美利坚[5]；陆有轮路相接，海有轮舟相环。虽其国都去中国数万里，远莫能及，而其爪牙则近在眉睫。彼皆厉精蓄锐，争以技胜。其术同，其交合，其情叵测，其志又各不相下。

[1]《大学》，原出《礼记》，至北宋被二程朱熹拔出，与《论语》《孟子》《中庸》并立，以后成为王朝科举的必备书目。《大学》内有“八条目”即“格物、致知、诚意、正心、修身、齐家、治国、平天下”，是理学修养的核心理论方法之一，对明清以及近现代中国思想影响巨大。格物致知乃程朱理学的基础，但却被陆九渊、王阳明等人质疑，以致出现“心学”。由此可推，郑昌棪受程朱理学影响较大。

[2]宋元以来，历代王朝均与外通，不曾断绝联系，但以民间通商为主，尚未大规模学习欧洲科技文化。明末清初耶稣会传教士来华，输入西方科技文化，然不受官方重视。

[3]英之印度，British India，为英国于1858—1947年在南亚次大陆建立的殖民区域，含今日印度、巴基斯坦、孟加拉国、缅甸。

[4]法属安南，指法国1874年后在越南中部建立的势力保护区，中法战争结束后并入法属印度支那（La République française de l' Inde en Indochine colonial）。

[5]美利坚，America，一般专指United States of America，今译美利坚合众国，简称美国。

予以天下之大势观之，今日地球之上，乃一大战国也。中华以文物之邦，介于众强，借箸前筹，莫若远交美英，而近防俄。时务之策，莫切于此。顾中西关系所在，从未有竭忠尽言者。予于沪南机器总局翻译有年，每与美国林君乐知论列中西情形，瞭如观火。惜未及笔之于书，以质同志。

林君博学多识，居中国日久，而于内外交涉之务，轻重所在，必推其原，以为士大夫心乎家国，不应隔膜外洋。果中外情势了然，则中国应行举办急务，如富国之道，强兵之策，驭远之方，不啻万几，急起直追，犹虑不及，矧敢拖拖沓沓，苟且敷衍，以坐失机会哉？方今海内晏然，远人驯习，绸缪未雨，时乎时乎？

林君以前阿公使[1]暨今威公使[2]，皆有中西关系之论，因复通盘筹划，畅所欲言。其间切中要害，剀切直陈，实为今日自强至计。嗟乎！中人不能言，而外人言之。外人言之而中人或未之信，以为格致不足学，而富强可以自

[1] 阿公使，指英国驻华公使阿礼国（1809—1897），Rutherford Alcock，1809年生于英国伦敦伊灵县，早年从父学医，曾参与对卡勒特斯之战，退役后1844年来华担任英国驻厦门、福州、上海、广州等地领事，1858—1864年成为英国驻日首任公使，1865—1869年充任驻华大使，在英国侵华及伙同其他列强压榨中国上，是重要角色。1871年退休后，阿礼国回国逐渐淡出政治，转而从事医疗慈善和研究日本文艺，著有*The Capital of Tycoon*。参见熊月之主编：《上海名人名事名物大观》，上海：上海人民出版社2005年版，第130页。

[2] 威公使，指英国驻华公使威妥玛（1818—1895），Thomas Francis Wade，生于伦敦，1841年参与英国对华鸦片战争，1858年协助英国侵华主官额尔金，发动第二次鸦片战争，胁迫清政府签订《天津条约》《北京条约》等不平等条约，战后充任英国驻华公使参赞，1871年接替阿礼国任驻华公使，胁迫中国签订《烟台条约》，是西方列强的主谋之一，对近代中国损害颇巨。另外，威妥玛也被西方奉为汉学家，发明威妥玛拼音，对外国认识中国语言文字起到重要作用。1883年退休回国，担任剑桥大学汉学教授，死于剑桥大学。参见陈旭麓、方诗铭、魏建猷主编：《中国近代史词典》，上海：上海辞书出版社1982年版，第496—497页。

致，果尔则天下所深幸。不然，虚言富强，而不得所以富强之本，数十年后，时事变迁，而令此编独蒙知言之名，是可惜已[1]。

予也草莽愚虑，固无足补益时局。独怪世之讲《大学》者，一则曰治平，再则曰治平，而置格致于莫名。彼格致独非大学乎哉？今林君以西国之强，而推本于格致，欲中国以格致致富强，能与各大国相颉颃，并期驾而上之，彼西人者亦曷可少哉？兹因其请而乐为之序。

光绪二年岁在丙子春三月海盐郑昌棪[2]书于上海之格致堂[3]

---

[1] 原版如此。根据句意，“已”当为“矣”字。

[2] 郑昌棪，浙江海盐人，曾任职于格致书院、江南机器局翻译馆，同傅兰雅、林乐知、舒高第等人翻译过多部外国科技文化书籍，如《格致启蒙》《水师章程》《列国岁计政要》《西国近事汇编》等。

[3] 上海格致堂，指上海格致书院，由英国传教士傅兰雅和徐寿于1874年创建，参酌欧美学制课程进行教学，是近代上海著名的新式学校，在对华传输先进科技文化方面贡献巨大，对洋务运动等近代改革运动影响深远。

美国林乐知先生小像　芝眉[1]题

[1] 据林乐知所处地域及交际圈，“芝眉”似指严潆，字芝眉，晚清上海招商局会办，有待考实。见陈旭麓、顾廷龙、汪熙主编：《盛宣怀档案资料选辑》（第五册），上海：上海人民出版社2001年版，第60页。

林君乐知，美国贤师，久处中土，貌古情怡，阐扬西教大道，是维讲求格物，与世咸宜；益智新录，传播争奇；万国公报，论不违时；关系略论，直言无私；志在富强，伟哉其辞。

新阳赵元益题[1]

[1] 赵元益（1840—1902），江苏新阳县人，晚清著名翻译家、藏书家，1869年后长期供职于江南机器局翻译馆，与傅兰雅、林乐知等人翻译了大批西方军政、科技、史地书籍，对洋务运动影响巨大，1888年曾随薛福成出使欧洲，长期钻研中西医，晚年建“峭帆楼”，藏书丰富。参见韩丛耀主编：《中华图像文化史·图像光学卷》，北京：中国摄影出版社2016年版，第309—310页。齐君：《赵元益与近代中西医学交流》，《史学月刊》，2016年第2期。

目　录[1]

[1] 本书目录与正文相应标题不尽一致，原书如此。为保持文献原貌，校注者未作修改，请读者留意。

[2] 原书有卷数，无节数，读来不便，校注者加数字，以便阅读。

[3] 原版如此，根据句意当为“洲”。

（书中卷数未能协一定成例，摆版时错误也，阅者谅之[1]）

[1] 原书旁批，属林乐知等人自加。林之所以说“书中卷数未能协一定成例，摆版时错误也，阅者谅之”，估计是因为新版没有按照报刊版“二十二论”的次序排版。再者，此处列出目录乃原书目录，其标题与正文略有出入，读者可自查。

[1] 原书无跋，但据《万国公报》，该书有三篇跋文，为图完整，笔者将跋文补入，以作参考。

卷一

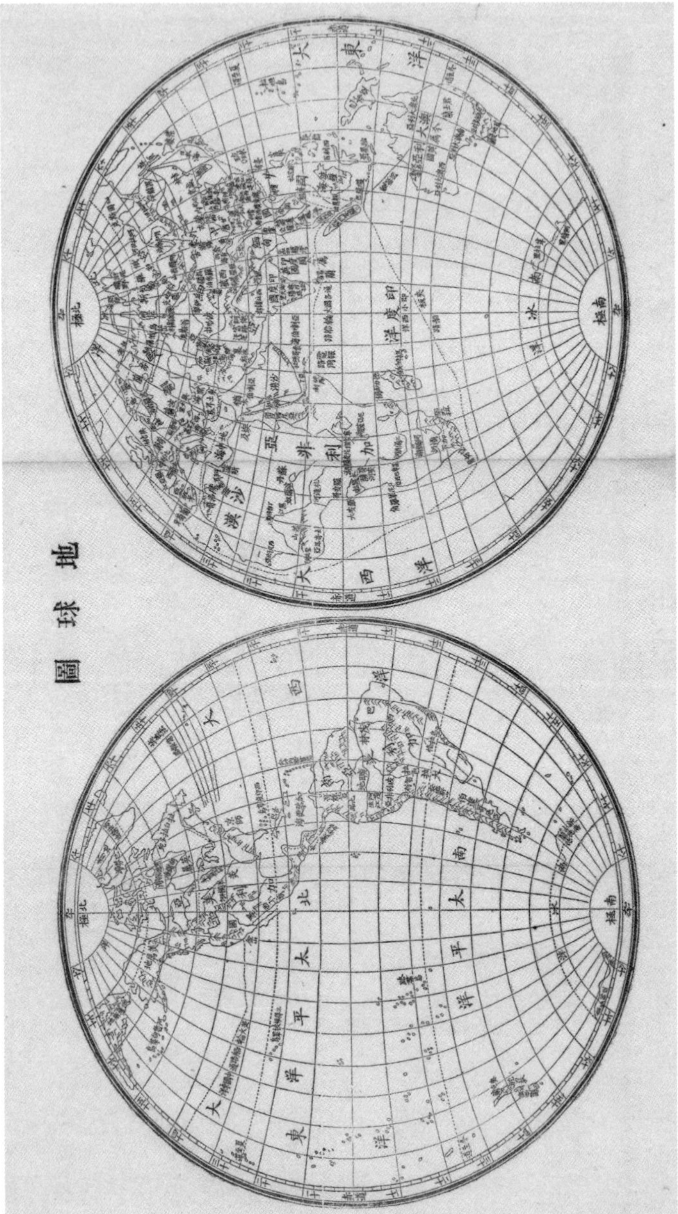

地球图

一、南北洋通商大臣及各督抚又总理衙门诸奏稿

（一）节抄同治十三年十一月初四日直隶总督北洋通商大臣李[1]奏

若不稍变成法，于洋务开用人之途，使人人皆能通晓，将来即有万全之策，数十年后，主持乏人，亦必名存实亡，渐渐颓废[2]。

[1] 直隶总督北洋通商大臣李，指李鸿章（1823—1901），字少荃，安徽合肥人，晚清著名政治家、外交家，长期担任直隶总督兼北洋通商大臣。直隶总督，顺治年间设，总管直隶大小军政，因近京畿，位置十分重要，一般名列清代总督之首。北洋通商大臣，1870年设，原是清朝三口通商大臣，一般由直隶总督兼任，总管直隶、山东、奉天三省对外通商交涉事宜。与其对应者乃是南洋通商大臣，由两江总督兼任。文中所称同治十三年，乃公元1874年。原版无公历年和数字，为便于阅读，校者自加数字。

[2] 此折全文见李鸿章同治十三年十一月初四日《议复条陈》。此节乃是原折的最后一处。见顾廷龙、戴逸主编：《李鸿章全集·6·奏议》，合肥：安徽教育出版社2006年版，第166—167页。

（二）节抄同治十三年十一月初四日两广总督英[1]安徽巡抚裕[2]奏

拟请旨，饬令中外大臣督抚，就平日真知灼见之人，切实保奏，内而卿贰部曹，外而大小文武，不论资格，不限官阶，但系才具出众，确实可靠者，一一出具切考。某人知兵事，可膺将领之选；某人善筹划，可膺理财之任；或熟习洋情，或暗[3]练机器。如果确系真才，能任艰巨者，准予破格拔擢，以励群伦[4]。

（三）节抄同治十三年十一月十二日福建巡抚王奏[5]

一，用人一条，据称十年之计树木，百年之计树人[6]，遇有事而用非其长，与先事而养之有素，其得失较然矣。夫设科取士，自有常经，而救时需才，不拘成格，是必别有陶铸之方，宽予登庸路，俾人人知所趋向，鼓舞振兴。而后习文事者，不专攻于词章书法；肄武备者，不

---

［1］两广总督英，指萨尔图·英翰（1828—1876），字西林，满洲正红旗人，因平定太平天国有功，先后被擢为知府、安徽布政使，于1874—1875年任两广总督，因在粤弛禁赌博，受到弹劾，改任乌鲁木齐都统，死于任上。参见《清史稿·列传》。

［2］安徽巡抚裕，指喜塔腊·裕禄（1844—1900），字寿山，满洲正白旗人，清末重要大臣，历任安徽巡抚、湖北总督、四川总督、军机大臣、直隶总督，自杀于义和团事件中。参见《清史稿·列传》。

［3］原文如此，按句意“暗”当为“谙”字误写。

［4］原折全文参见同治十三年十一月初四日两广总督英翰及安徽巡抚裕禄奏折，宝鋆等编撰：《筹办夷务始末·同治朝》，故宫博物院1930年影印版，卷九十九—卷一百。

［5］福建巡抚王，指王凯泰（1823—1875），字幼徇，江苏宝应人，历任浙江按察使、广东布政使，同治七年升任福建巡抚，光绪元年因抵御日本侵台而病故，晚清有名廉吏。

［6］“十年之计树木，百年之计树人”，乃出自典故“十年树木，百年树人”，源自《管子·权修》。

徒求诸弓矢刀石也。可否请旨敕下各省督抚臣，特设一储才馆。凡有雄才大略，奇技异能，晓畅天文，熟谙地理者，由各府州县申送，处[1]之馆中，随时验试，如果名实相符，据实奏保，破格录用，即有一技可取，膂力过人，或制器得法，或通外国语言文字，亦可咨送各局厂、各海关，练习兵机税务，庶储备多而用才不竭矣[2]。

（四）节抄同治十三年十一月初四日大学士直隶总督北洋通商大臣李 奏[3]

各国互市遣使，所以联外交，而中国并其近者而亦置之，殊非长驾远驭之道。同治十年，日本初议条约，臣与曾国藩均奏请立约后，中国应派员驻扎日本，管束我国商民，藉可联络[4]。此举未可再缓，拟请敕下总理衙门王大臣，遴选熟悉洋情，明练边事之三四品京堂大员，请旨赏给崇衔，派往驻扎日本。闻横滨、长崎箱馆各处，中国商民约近万人，既经立约，本不可置之度外。俟公使到彼，应再酌设总理事官，分驻口岸，自理讼赋，以维国体。不

[1] 原文如此。根据句意，“处”应为“储”。

[2] 原折全文参见宝鋆等编撰：《筹办夷务始末·同治朝》，故宫博物馆1930年影印版卷九十九。或中国史学会主编：《洋务运动》（第一册），上海：上海人民出版社2000年版，第77—78页。

[3] 大学士直隶总督北洋通商大臣李，指李鸿章，时冠文华殿大学士名衔。文华殿大学士，位尊权虚，最初辅导太子读书，后扩至辅佐皇帝政务，是对臣子很高的尊崇。清中前期得此殊荣者包括和珅、张鹏翮。同治十三年李鸿章被授予文华殿大学士称号。甲午战败后，李鸿章实权被夺，仅保留文华殿大学士虚衔，然据称翁同龢急欲得此荣称，找人（传为袁世凯）劝其辞掉。李怒而不肯，一直保留此名至去世。

[4] 此处条约所指乃1871年中日签订的《中日修好条规》（又称《日清修好条规》），是日本拆解清朝亚洲宗藩体制的开始。参见韩东育：《日本拆解“宗藩体系”的整体设计与虚实进路》，《近代史研究》，2016年第6期。

特此也，即泰西诸大邦，亦当特简大臣，轮往兼驻，重其禄赏，而定以年限，以通情款。其在中国交涉事件，有不能议结，或所立条约，有大不便者，迳与往复辨证，随时设法商办，似于通商大局有裨[1]。

（五）节抄同治十三年十一月十二日南洋通商大臣两江总督李 奏[2]

西洋各国，考诸地球，参诸天度，皆距中国数万里。现在通商各口，洋人星罗棋布，中国情事，无不周知，而彼都情形，中国皆未深悉。自斌椿、志刚、孙家谷[3]出使后，至今无续往之人。窃谓通商各国，宜选有才略而明洋务之人，随时遣使。遇有交涉之可辩论者，与之辩论；于彼国有用之人才，新造之精器，可随时采访，以为招致购买之地。目前各国通商，耦具无猜，实千古未有之创局；海内至大，人才辈出，未必无英伟奇特之士，愿充是选，似于洋务必有所益[4]。

---

[1] 该折时间有误，当为同治十三年十一月初二日，见顾廷龙、戴逸主编：《李鸿章全集·6·奏议》，第170—171页，同治十三年十一月初二日《筹办铁甲兼请遣使片》。

[2] 南洋通商大臣两江总督李，指李宗羲（1818—1884），四川开县人，因镇压太平军而崭露头角，历任山西巡抚、两江总督，在江防建设上颇有成绩。

[3] 斌椿，汉军正白旗人，1866年代表清政府首次官方出使欧洲，留有《乘槎笔记》。志刚，曾任总理衙门章京，1868—1870年跟随美国人蒲安臣（Anson Burlingame，1820—1870）出使欧美，留有《出使泰西记》。孙家谷，曾任总理衙门章京，亦陪同蒲安臣游历欧美，留有《使西书略》。

[4] 原折全文见李宗羲著，方宗诚编：《开县李尚书（宗羲）政书》，台北：文海出版社1970年版，卷六。或中国史学会主编：《洋务运动》（第一册），上海：上海人民出版社2000年版，第73—76页。

（六）节抄同治十三年十一月十二日福建巡抚王 奏

一遣使外洋。夫通商各国，于都城设公使，于行省设领事，无非欲联中国之交，而知中国之情。乃有来而无往，犹面墙而思快睹，掩耳而欲速闻也。拟请每国敕派正副二员，不拘内外臣工，择精力强固，有知谋胆略者任之，假以崇衔，予以厚禄，驻扎彼国。实任者不开本缺，两年一换，专理和好事宜，各国如何情形，随时驰报，庶几耳目较灵，不致中外隔阂。如蒙俞允，应需遣官经费，请敕总理各国事务衙门酌定，在于各关库提支，准予作正开销。

一调护华商。华人之在外洋者，闻暹逻约有二三十万人，吕宋约有二三万人，新加坡约有十数万人，槟榔屿约有八九万人，新老金山约有二三十万人，长崎亦不下万余人。此系统经商佣工并计之，若于遣使之外，更选才干官员，分往各处。如彼国之领事，妥为经理，其重大事情，仍由使臣核辨，凡经商贸易皆官为之扶持调护。商之害，官为厘剔；商之利，官不与闻。则中国出洋之人，孰不愿为中国用？其有奇技异能者，送回中国，优给薪资，酌予奖励。行见海外华人，争思自奋，况中国殷商，知外洋有官护持，丝茶大贾，皆可广为招徕，自行运销，中国之气日振矣。

（七）节抄本年二月二十七日礼亲王[1]等会 奏

李鸿章等所议遣使，驻扎日本及泰西各国，均属可

[1] 礼亲王，时指爱新觉罗·世铎（1843—1914），满洲正红旗人，乃开国宗室代善九世嫡孙，晚清宗室重臣，在光绪时期长期担任军机大臣，庚子事变后失势。

行，应请饬下总理衙门酌度情形，奏明办理。

（八）节抄本年四月十三日山东巡抚丁代递薛福成条议

一储才宜豫也。自中外交涉以来，中国士大夫拘于成见，往往高谈气节，鄙弃洋务而不屑道，一临事变，无所适从。其号为熟习洋务者，则又唯通事之流，与市井之雄，声色货利之外，不知其他。此异才所以难得也。今欲人才之奋起，必使聪明才杰之士，研求时务而后可。昔汉武帝诏举茂才异等，可为将相。及使绝域者，似宜略仿此意，另设一科，饬令内外大臣，各举所知，亦不必设有定额。其新科进士，大挑举人，优拔两贡，如有洞达洋务者，亦许大臣保荐，仿学习河工之例，别为录用。其用之之道，如胆识兼优，才辨横生者，宜出使；熟谙条约，操守廉洁者，宜税务；才猷练达，风骨峻整者，宜海疆州县。求之既早，斯用之不穷。彼士大夫见闻既熟，亦可转移风气，不务空谈。功名之路开，奇杰之才出矣。

（九）节抄四月二十六日本衙门 奏

一李鸿章请设洋学局，沈葆桢请设特科一节，查礼亲王世铎复奏及醇亲王折内，均未议及。而李鸿章等所议遣使驻扎日本及泰西各国，世铎等复奏折内，则以为可行。其意自谓遣使为一事，设学设科另为一事，不知欲行而不求所以行之之具，及自谓已有其具，而不精求所以行之之具，则可行者，将何以善其行？李鸿章、沈葆桢等，欲仿汉时诏求出使绝域人才，及宋司马光议设十科之意，请开洋学，及请设特科，原与科目并行不悖，并非以洋学变科目，且以遣使一节，必须预储人才，非设学局以陶镕之，开设专科以拔取之，不足以得出使绝域之才，其事原为将来次第应理之件。惟查现在情形，洋学特科，尚非仓猝所能举行，必应先议现在办法，相应请旨饬下南北洋大臣及沈葆桢等，不拘资格，各举所知，将各该员才质，堪胜任使之处，切实保举。此外各督抚暨在廷诸臣中，如有所知，亦可据实保奏，以备简派而资治理，将来出使各国之人，著有成效，中外臣工，皆知其有益于国家，则于设学设科之举，必且众论交孚，不至再有异议矣。

（十）五月十四日本衙门[1]片奏

再查从前办理洋务，轻重失宜，皆因未能详悉情形所致。此次条议内，有以择交储才出使为要者，亦以天下事，得人则理，无事无时，不应储才，而于出使一事为尤亟。历代以来，凡出使绝域者，莫不极一时之选，如宋之富弼、苏辙等，皆以名臣大儒，膺斯职任。我朝康熙年间，曾有遣使至俄国事，诚以两国交涉，非使臣往来其间，即虞隔阂。而膺是选者，尤贵得人，所以使于四方，不辱君命，属诸才德兼备之士，非细故也。近年来士大夫心乎时事者，亦能逐渐讲求，不至如从前隔膜之甚。然时事艰难，日甚一日，且交涉事务，关系至重。大小臣工，皆当急难为怀，悉心讨论。倘内外诸臣，均能灼见，彼此情形，则遇有交涉事务，既可共济时艰，而使才亦于是乎出，特才宜渐储，而时不可失。臣等因于本年四月二十六

[1] 本衙门，指总理各国事务衙门，又称“总署”，1861年建立，1901年改为外务部，主要处理对外交涉问题。

日复奏折内，请将王大臣议准出使一节，饬中外大臣，各举所知。业蒙允准，除各督抚大臣已有旨饬令保奏外，兹由臣等查得主事陈兰彬，员外郎李凤苞，编修何如璋，知县徐建寅，道员许钤身，典簿叶源濬，编修许景澄，主事区谔良，同知衔徐同善，共九员，另缮履历清单，恭呈御览。

除陈兰彬出洋有年，熟悉情形，现在堪膺是选外，其余八员，系由臣等采访而知，多未经晤面者。原冀拔十得五，宽以储才，以备他日遴选之资。惟臣等耳目有限，鉴识难周。在廷诸臣，同有以人事君之责，平时物色所及，必有志节坚卓之员，堪备国家任使。应请饬下在京王大臣、大学士、尚书、侍郎、京堂等，遵照前旨，不拘资格，切实保举，择其志节坚定，才识通达，或并能熟悉洋情边防者，将各员所长，详细奏明。遇应请简用时，与各督抚大臣，及臣等保举各员，一体遴选请简。如虑各该员才识虽极闳通，而情势未能详悉，应于保奏后调取各该员，至臣衙门随时探讨，以期谙练。如蒙俞允，即由臣衙门抄录原奏，行文在京各衙门遵照办理，理合附片陈明，谨奏。军机大臣奉旨依议，钦此。

以上所登各稿节略，并非本馆择录，系总理衙门印出以咨各衙门者，乃由京都寄来。其各稿全文，本书院中亦有缘见。《京报》中未曾明刊诸王大臣之奏章，想是密折。故本书院未便全行登报，以存慎重，特白。

二、论节抄各大臣奏稿大略

前载京都寄来，南北洋大臣、各省督抚、总理衙门各大臣奏稿，华人固视同拱璧，西人亦如获至宝。何也？此即中外通商以来，西人所望于中国，而未克如愿以偿者也。今得阅各大臣奏稿，实满其心之所欲，而且奉旨依议，不禁满志踌躇，而喜出望外矣。然所奏如此之确，恐行之犹有待也。不知事必协于众议而后成，行必衷于一是而可久。与其为之速而反不达，何如行之缓而根本固耶？尝观东洋而可异矣，事事悉宗西法，且国之君若臣，衣饰亦效西人，特恐变之过骤，似非持久之道所宜也。我西人始不足于中国者，为其变之过缓耳。今而知变之缓者，实由斟酌尽善中来也。他日照所奏之件，次第举行，华人之幸，亦西人之幸，拭目俟之，曷胜欣忭。昔英国驻京前任钦差阿公，与文中堂祥[1]，曾云中国革除旧制，丕换新猷，何太缓也？文中堂云，中国人不办事则已，办事必因端竟委，谋始图终，不似进锐者退速也，恐后日办事时，贵钦差又将谓中国办事何太速耶？

---

［1］文中堂祥，指瓜尔佳·文祥（1818—1876），字博川，满洲正红旗人，历任刑部侍郎、军机大臣，辛酉政变后受到重用，是满族中的开明分子，对领导和推动洋务运动作用较大，著有《巴林纪程》《蜀轺纪程》等。

三、欧洲与中国关系紧要略论[1]

美国林乐知著[2]

前阅南北两洋及各省大臣与总理衙门奏稿，论中国宜遣使出洋，并设储才馆诸大政。西字新报皆已刊印，中西人阅之，谅无不欢欣鼓舞，而乐有是举矣。直隶爵阁督李公鸿章，以为不可再缓之举，即福建王中丞凯泰奏稿中，有通商各国，于都城设公使，于行省设领事，无非欲联中外之交，而知中国之情，乃有来而无往，犹面墙而思快睹，掩耳而欲速闻等语。诚哉是言也。夫出使外洋，必大员始克当斯重任。然非熟谙欧洲语言律例，而惟通事[3]是倚，则虽非面墙而亦无快睹，非掩耳而亦无速闻。此储才馆宜速设，而使后进潜心勉学也。

本馆主人为中国执政大员，著论四则，幸垂鉴焉。一论欧洲各国人分布天下之意；二论欧洲各国人散布中原，而英与俄尤为中原接壤之国；三论中外交接，关系匪轻，

---

［1］本节底稿出自林乐知：《欧洲与中国关系紧要略论》，见《万国公报》（第352卷），第18—19页。

［2］此节乃林乐知为《中西关系略论》所作序言。

［3］通事，鸦片战争前后出现的中外译员，亦承担外国政商委托事务，与买办阶层关系密切。

宜如何联络，如何维持；四论联络维持之法，究竟如何措办。本馆主美国人也，局外旁观，岂未知不在其位不谋其政[1]乎？但本馆主自幼读书，纵观史册，凡阅政事报、时势报，无不悉心考究。即今在广方言馆，翻译西书，亦系史学俱多，故知无不言，言无不尽，非好预人家国事也。只祈尽一己之心，与中国交好，而欲有益于中国焉耳。阅者请勿以不在其位，不谋其政见责，则幸甚矣。是为序。

[1] “不在其位，不谋其政”，语出《论语·泰伯》。

四、申说欧洲人分布天下[1]

论欧洲各国人分布天下，先当查明欧洲根底而言之也。按欧罗巴紧与亚细亚毗连，而欧洲居亚细亚之西北。其交界之处，在北则为北冰洋也；在东则为乌拉山、乌拉江[2]与里海，即欧亚分界之所也；在南则为高夹苏山[3]与黑海，亦欧亚分界之所也；又南为地中海，即欧洲与亚非利加[4]分界之所也；在西则大西洋也。

地之最长者，以英里计之，三千三百七十二里；地之最宽者，二千四百英里；其见方里，不下三百八十万英里。以全地球核之，其陆地仅十四分中之一耳，较亚细亚仅五分之一分有奇。其地三面，则皆水矣。以海面而论，计英里二万零零四十里。以亚细亚之中国，较欧洲之中国，自北纬度二十度起，至北纬度五十度止。欧洲自北纬度四十度

[1] 本节底稿出自林乐知：《申说欧洲人分布天下》，见《万国公报》（第352卷），第18页。

[2] 乌拉山，The Urals，今称乌拉尔山脉；乌拉江，Ural River，今称乌拉尔河。用乌拉尔山作为欧亚分界线，始于18世纪俄国地理学家塔季谢夫。至19世纪中期，欧亚东西分界线又加入乌拉尔河，此后乌拉尔山河作为欧亚东西地理分界线，得到国际公认，成为今日世界地理分界常识。

[3] 高夹苏山，Caucasus Mountains，今译高加索山脉，著名的欧亚陆路分界线。

[4] 亚非利加，Africa，今译阿非利加洲，简称非洲。

起，至北纬度七十度止。故天时地气，较中国尤寒。

所生之物，与中国亦异。惟南与中国有相仿者。而耕种之地，百分中约二十分至二十三分，此外非沙即石，稼穑非宜。北则极寒，几无人烟矣。其树木成林之处，约百分中之四十分。所已耕种而牧畜者，不过百分中之三十六分耳。

若中国则居亚细亚洲之南焉，合十八省与满洲、蒙古、伊犁、新疆、西藏等处而计之，其幅员之广，不亚欧洲。而天时和暖，地土丰腴，则独胜矣。所生之物，亦与欧洲如出两途。

以欧洲人数而论，不下二百八十兆，各君其国，各子其民，分之约数十国也，较之中国大相径庭。中国人数，不下三百六十兆，天子总理于上，百官分治于下，林林总总，如众星之拱北辰焉。

统观中国大局，实甲乎欧洲之上。然欧洲地土人数，虽逊于中国，而欧洲人于天下之大，已掌管十分之八矣。试以全地球之陆地而论，有五十一兆五十万见方里，其中约有四十兆见方里，为欧洲人所掌管也。以水道而论，居四分之三，约计一百兆见方里，其海外大洋，除欧洲轮帆等船往来，无他国一船也。计开陆地大洲有六，四大洲居东半球，两大洲居西半球。两大洲者，即北亚美利坚、南亚美利坚是也。而所居之人，皆自欧洲来也。其东半球之四大洲，若阿大利亚洲，全属欧洲人居住[1]；阿非利加洲，除埃及与摩落哥等小国外，亦为欧洲人所有矣。现今

[1] 阿大利亚洲，Australia，今称澳大利亚洲，以澳大利亚大陆为主体，简称澳洲，乃今日大洋洲地理划分的前身。1770年澳洲大陆被英国人库克发现后，渐成英国罪犯流放集中地和遗民重区，演变成重要的海外殖民地，1900年澳洲取得自治权，1931年独立成国。

亚细亚北之一半，皆属欧洲；南则印度，亦属欧洲。

其全地球中，所不属欧洲掌管者，仅余一大国也。所谓一大国者，非中国也乎？他如波斯、土耳机[1]等国，则皆受制于欧洲人矣。然中国北有俄罗斯，南有英法两国，中国则介乎其间也。噫！观欧洲人分布天下，其意云何？且得寸思尺，欲至何地为止？有心人未可作等闲观也。

[1] 土耳机，Turkey，今译土耳其。

五、论欧洲人分布天下之意[1]

且以地球言之为物也。地面本圆，而水陆分焉。水有江海河湖之不同，陆有山丘[2]岛屿之各异，合而言之为天下，分而言之为各国。国之大者，聚为一洲；国之小者，独居一岛。海内海外，同此地球，即同此人也。然天判四时，地分三带，处乎热带两旁者，为温和带[3]，极南极北皆寒带也。夫既有热带、寒带、温和带矣，而其生物也，岂能强之从同乎？生于热带之地者，而寒带之地无之；生于寒带之地者，而热带之地无之；生于温和带之地者，而寒带热带之地皆无之也。

无之而听其无，非天所以养人之道，必也以有易无，互相交易，此通商之意所由起也。且通商所非出于自然者哉？一人倡之，千万人和之，非勉强相从也。就一国而论，远近通商，此通商之小者也。就天下而论，各国通商，此通商之大者也。于是有远适异域者，访寻人所未到

[1] 本节底本源自林乐知光绪元年在《万国公报》所作《中西关系略论·第一论欧洲人分布天下之意》，见《万国公报》（第三册），台北：华文书局1968年版，第1442—1443页。二者个别字词不同，如开头处：报刊版乃是“试以”，相对顺畅。但二者意思基本一致。

[2] 原文为“邱”，同“丘”。

[3] 温和带，今称温带。

之区，始而开垦，继而招商，日增月盛，或为新疆，或成一国，立官治理，遣兵巡防。以此之所有者，济彼之所无；以彼之所余者，补此之不足。一来一往，此中交接，岂细故哉？观于欧洲可知矣。

其地居北，而天时南则温和，北则寒也，生物非多。其于日用之物，所最缺者，棉、丝、茶、糖、喀啡[1]、烟、米、香料、裘衣、颜料、金、银等物是也。其出产最饶者，麻、麦、铜、铁、铅、锡、煤、木、水银、羊毛、硫磺、菜蔬、马口铁等是也。三千年前，以其所有，易其所无，自古已然。但通商之地，不甚远耳。夫前事无庸赘述，即以四百五十年前言之，欧洲人所至之处，亦未广远。其通商之地，南则地中海之旁、意大利国各口，北则北海与波罗的海之旁、日耳曼国各口而已。以南方之物，运往北方，复以北路之货，运回南路，水陆交易，甚为流通。彼时获利所最厚者，悉由印度、波斯等国贩来者，物价高昂，人争购买，洵利薮也。

他国有闻其风者，皆起而争焉。如葡萄牙国、日斯巴尼亚[2]国，本欲趋意大利国，所立码头贸易，嗣缘为欧洲人之老口岸，不便营求，遂绕道东行，由阿非利加洲而至印度，非但大夺其利，且查出素所未知之地，以为己之新疆，而多得其地也。其他各岛中所贵重之物，亦与之交换，而大获盈余。由是，意大利之码头，渐冷淡矣。又有日斯巴尼亚人，谓地球本圆，既东行可至印度，西行亦何不可至乎？其国王壮其言，助以资斧而劝驾焉，不谓属意

[1] 喀啡，Coffee，今称咖啡。

[2] 日斯巴尼亚，Spain，今译西班牙。

印度，无心而得两大洲也，即今之南北两亚美利加也。

而日斯巴尼亚人则以为印度，故于初至之处，名之曰西印度也。维时英法荷三国，闻海中新地如此之多，亦群起而访觅矣。遍历汪洋，由印度洋、大西洋、太平洋，东西南北，无远弗届，即南直北直，亦无不往，而竟得奥大利亚洲[1]焉。其中大小各岛，亦为其所有矣。各国人以为此洲天时极好，地土亦厚，俱欲据为己有，而作新疆。嗣后各国通商，往来海面，其船只几如蚁聚蜂屯。是以各国纠集股份，而为通商公司，造船只，立码头，设兵保护，各谋其利也。

惟是利之所在，害即随之，而争端渐启矣。或因政事失和者有之，或因通商生隙者有之，或因新疆肇衅者有之。力小者弱，力大者强。如北亚美利加，为英所有；南亚美利加，为葡萄牙与日斯巴尼亚所分；阿大利亚，又为英所得；阿非利加，为各国分立新疆；东印度又为英国所属；东印度之各岛，为日斯巴尼亚与荷兰瓜分，至今未有易也。

自是以来，通商之事大矣。凡寒带、热带、温和带各地所出之物，而为欧洲所无者，皆有矣。凡有他国运来生物，加以人工而成为熟物者，复运往他国出售。而欧洲之金银夥矣。欧洲之势，于是乎大，富强甲天下，莫与京也。非但此也，即本地所出之煤铁等物，向无大用者，缘造机器而用处多矣。以一千八百五十三年，通商清单观之，进口货值银一千四百兆员，出口货值银一千三百五十兆员，共计进出货价银二千七百五十兆员。

若中国地不亚于欧洲，人数多于欧洲，而去年通商

[1] 奥大利亚洲，原文如此，即澳大利亚洲，与前文“阿大利亚洲”意同。

进出货价，不过二百兆员。此数在泰西仅一小国生意耳。古语有云，为海中之主者，通商之主也；为通商之主者，财大之主也；为财大之主者，其权可纵横天下也。斯语若是，非欧洲之谓乎？观商船炮船水陆兵丁，多于天下，强无复加矣。然虽通商之广，而通商之意尤未足也。如有一海口未到，必努力争先。故视天下有一大国未全到者，惟中国耳。地大、物博、人众，欧洲人无不向中国来也。彼此通商，互相贸易，获益匪浅。而通商各国中，有英俄两国，为中原接壤之国，其关系不有更重者哉？

六、论欧洲人散布中原而英俄与中原为接壤之国[1]

英为欧洲之西一岛也，其幅员之广，与日本埒，从古至今，行海之国也。闻葡萄牙与日斯巴尼亚，觅得新疆[2]，亦起而沿海访查矣。所得之地颇多，一系寻觅而得，一由逞力而得。其立新疆也，广而且固，历年愈久，生意愈盛[3]。其船只往来也，运本国之熟货，而至各口，复由各口置办生物，加以人工而成者，运往他口，几以本国为进出货物之大栈房也。于是富强甲天下，而人之聪明智慧，亦由此杰出矣。

查一千八百七十三年，进口货值银三百七十兆二十八万七千三百七十二磅[4]，出口货值银二百五十五兆十六万四千六百零三磅，共计六百二十六兆四十五万一千九百七十五磅（约三两三钱五为一磅也）。其新疆生意，于一千八百三十五年，进口货值银不过十一兆七十五

[1] 本节底本出自林乐知《万国公报》版《中西关系略论·第二论欧洲人散布中原而英俄与中原为接壤之国》，见《万国公报》（第三册），第1472—1475页。

[2] 新疆，今指新大陆。

[3] 英国夺取殖民地后，实行分而治之的建设性策略，与葡西等国的破坏性掠夺策略不同。

[4] 磅，同“镑”。

万八千四百卅七磅，出口货值银十二兆八十二万九千九百四十八磅，共计二十四兆五十八万八千三百八十五磅。至一千八百七十三年，英皇[1]登极，至今不满四十年，已多至二百二十六兆八十六万六千四百六十八磅，除去二十四兆五十八万八千三百八十五磅，已多至二百兆有奇。其所得之属国，与所立之新疆，大于本国五六十倍，而视通商生意，直如性命相依，故于他口自主之国，立通商和约，互相交易，设法维持，而为至要之件也。

然其中有不利者三焉。一系他国商船，日多一日，而英船之利，为其所夺矣。一系人工制物，他国机器亦多，而英呢布之利，为其所夺矣。一系通商各口，他国商人云集，而英之生意之利，为其所夺矣。有此三失，如登角胜之场，势不得不另觅他埠，而新开口岸，以为推广生意之道也。盖通商不广，则船只多而无用；船只多而无用，则作坊已成之货，滞而不销，而人工渐难以觅食。此相因之理也。但英人阔大为怀，不存悭吝之见，一开新口，听凭他国商人，相与偕行。故言英国而他国即在其中。此欧洲人必来中国之缘由也。

再以俄国论之。按俄国处欧洲之东，四百年前，英、法、荷与葡萄牙、日斯巴尼亚，沿海觅得新地之时，俄仍为欧洲一小国也，既无通商码头，又无自立新疆，蕞尔自封，一筹莫展，即欲出而通商，惟与各处老码头交易而已。其新疆通商大局已定，俄则鞭长莫及矣。嗣后西侵

[1] 英皇，指维多利亚女王（Alexandrina Victoria，1819—1901）。

瑞典，与布、奥分得颇南[1]，又战得土耳机边境，南侵波斯，惟东则无所阻碍，直至黑龙江与太平洋交界之地，因此舆图日辟，自西徂东约计有三万余里，由南至北约一万里。其与各埠交界之所，北则北冰洋，东则太平洋，南则高丽、满洲、蒙古、伊犁、新疆，与波斯、阿福干[2]，西则土耳机、奥士马加[3]、北德意志、瑞典，统计所辖地方，约有八兆见方里，较之中原地大两倍也。

然虽地舆如此之大，而其心究无厌也。推原其故，盖有三焉。一因西之波罗的海，北之北冰洋，东之太平洋，皆寒冷之地，冰结甚坚，一年之中有三四月不便行船，故俄现所急需海口者，一也。如需海口，与俄国最便者，有三处。一由黑海直达地中海也。而欲得地中海，必先并吞土耳机。夫土耳机，弱国也，与他国多有接壤者。俄不利于土耳机，即不利于他国。他国必出而保护之，俄岂能得志乎？其他则波斯海湾也。欲得波斯海湾，必先得波斯。按波斯海湾，紧通印度洋，为英之屏藩。波斯虽弱国，俄若有侵蚀之谋，是欲与英为敌，恐又不能如愿矣。计惟有向东而行，至太平洋耳。观库页全岛，不既为其所有乎？然亦寒冷之区，常有结冰之日。其最合俄国之用者，舍高丽其谁耶？此俄国人心所不足者二也。但在俄皇意中，只欲整顿本国之境界，不事多求。而国中臣民，大半以多辟土地为荣，且有守边大员，借交界之处生事，趁势而得他国

[1] 布，指Prussia，今译普鲁士。奥，指Austria，今译奥地利。颇南，似指Poland，今译波兰。

[2] 阿福干，Afghanistan，今译阿富汗。

[3] 奥士马加，Austro-Hungarian Empire，今译奥匈帝国，位于沙俄西部。

之地者。故既得基法[1]，又得伊犁，复霸占黑龙江，其地有江苏五倍之大。观此情形，如英国当年之得印度与缅甸也。

夫英皇亦非欲多得印度与缅甸之地者，皆缘交界处生出嫌隙，迫而得之者多也。故日本人有曰，俄国界石，非深埋入土而不动者，乃驾于车上而任其所之者。然非俄人推之使行，实缘有挽之而行者也。此其通商之心，所不足者三也。且凡行海通商各口皆为他国所据，即与中国毗连之地，亦为他国商人尽得其利，故俄人多不服也。况俄国由人工所成之物，较之英国价值本昂。即在中国贩去之货，必需骆驼驴骡等畜运送，经四五月之久，始克至俄，以视英国由海道往来，路虽远于俄国，不过四十余日。即到英国，途中使费，两相比较，相去霄壤矣。是以俄国商民，皆欲筑造铁路，直通中国，由轮车运送货物。其取便又胜于轮船之得利也。以上所论，特择其最要者言之也。究之英俄两国之在中国，所关系者，惟通商交界之事耳。

[1] 基法，Khiva，今称希瓦，又称希瓦汗国，大体指乌兹别克斯坦地区，1873年被沙俄击败，沦为沙俄附庸，长期受俄国控制，至20世纪20年代又变成苏联加盟共和国。参见蓝琪：《论中亚希瓦汗国》，《史学月刊》，2012年第12期。

七、论中外交接宜如何联络如何维持[1]并交界图

论欧洲人散布中原，而英俄与中原为接壤之国。其中交接，当设法联络维持矣。本馆特镌中国全图，为中国人指示焉。

图中北边最粗一线，为中俄交界之处，由高丽之北，暨满洲、蒙古、天山以北。天山以南，计程一万余里，皆中俄交界处也。以中国之南而论，有英国之在印度与缅甸、新加坡、香港也；又有法国在安南，与广东、广西相近也。除英俄法三国外，由欧洲来立约通商者，尚有十国。陆路原无交界处所，而远隔重洋，相距数万里，轮舟一驶，即达中华，此海界相连也。其到中华之速，较上洋至四川为日尚少也。华人见西人如此之多，得无有疑其欲瓜分中原之地者乎？而不然也。

试思当年英法之兵至京都，和议成后，旋即退让。

[1] 本节底稿出自林乐知《万国公报》之《中西关系略论·第三论中外交接宜如何联络如何维持并图》，见《万国公报》（第三册），第1499—1501页。

斯时也，东南发逆[1]，蔓延数省，正欲谋取中原，私与外国求和，而西人斥之。英法之兵，助中国灭贼，而不取其地，非明证乎？且而云南回逆，私往印度求救，而总统不行，复往英国求援，而英皇不准，尤为中西人所共见共闻者也。近今喀什噶尔王，赴印度求助，总统却之，更属深明大义矣。华人又谓俄人不已侵我疆界乎？又非也。中俄交界之处，中界时有叛党滋事，华兵不能平，俄兵平之，况其地多游牧，盗贼混迹其中，客商受累无穷，往往投入俄界避之。俄兵出而相救，是俄界渐推渐广则有之，谓其有并吞之心则未也。倘有一国欲谋中原之地，各西国亦断不能容也。

观亚细亚之土耳机、波斯、阿福干，与欧洲之比利时、荷兰、丹国，可知矣。欧洲之例，有无故与他国构兵，欲并其地者，是违例也，万不行也。然则各西国人之来中原，究何意耶？曰通商而已。通商两字何为耶？曰以有易无也。此天下自然之理也。乃西人以通商为至要，而华人则以通商为非宜。若果如此，非逆理乎？西人于此，转得有所藉口矣。惟是西人不愿生事也，只期顺理通商，故先立和约，两不受亏，毫无阻碍。但通商原无阻碍也，而其中恐有意外之阻碍，不得不按和约而行，以免节外生枝也。

夫既立约通商矣，当有保护之意在其中也。坐商之房产货物，行旅之身家性命，皆当慎重而善顾之，乃所谓通商也，否则有名无实，任西人自为保护，则其自治中国

[1] 发逆，指太平军，是清廷对太平天国的蔑称。清军入关时，曾对汉族强行剃发，留发者一般砍头，有“留头不留发，留发不留头”之语，成为满汉矛盾的突出特征。太平军为示区别和反清，故意蓄发，因此又被清廷污为“长毛”。

也。何所恃乎？如曰势不能行，而任西人自行之，则自主之权何在乎？设使中国能自主，而西人有欲自为保护，自行其是者，中国可强制之，使不得行，而西人反可无疑心，中国亦可无虑矣。总之，西人无欲中国土地之心，其所欲者通商也，欲其通商无往弗利也，欲其有名有实也，欲其沿途平安而不受害也。

中国苟能若此，则西人所望于中国者，一曰非强不可。西人常畏中国不强耳，不强则有妨于本国，因有碍于西人，而其实有妨于本国者多也。即如台湾生番，中国不能以威服之，此日本人所为越俎而谋矣[1]。推之守界大员，平时未能弹压乱民，以致海多巨盗，内多叛贼，如发逆捻匪，残害生命，蹂躏省垣，生意之阻滞不行，是以西人于此多不便也。然强必由于富也。故二曰非富不能。不富则西国之物，无能买也。但富非止多金银之谓，谓其出产之多也。出产多，则生意盛。生意盛，富之基矣，而强不在其中乎？夫富非空谈已也，必以素所无用者，易而为有用，素所隔绝者，易而为流通。西人尝云，华人弃本国之煤，而买西人之煤，弃本国之铁，而购西人之铁，岂生财之道耶？我西人代为维持，可乎哉？故望其能强且富。尤必有明于理者，出而联络维持于其间也。其能联络维持此事者，非学不为功。学之既成，可望生意之盛，而富可

[1] 此处涉及琉球事件和日本侵台事件。1871年，琉球渔船漂至台湾，船员被当地居民误杀，被蓄谋已久的日本介入。日本借机擅自宣布琉球为其保护国，1874年出兵3000人侵台，侵占琉球。软弱的清政府无力保护台湾和属国琉球，在列强的干预下被迫签订《中日北京条约》，放弃对琉球国的宗主权，承认日本侵台是“义举”，之后日本废掉琉球国王，把琉球国改为日本冲绳县。这成为近代日本侵台侵华的重要跳板。此事成为清廷整顿海防、建设海军的重要背景。

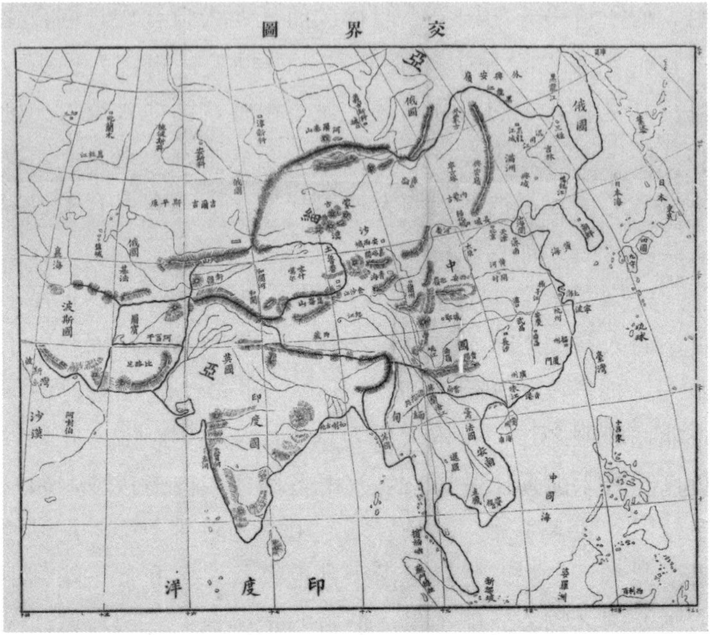

交界图

立至，富可立至，而强即不难。国而能强，则西人通商无阻，而不受害，中国亦可安然无事，而免外患，此即联络维持之法也。

八、论中外交接其联络维持之法究竟如何办理[1]

试即联络维持之法论之。第欲言其法，当先考其国之所由来，而始可与言法也。按中国居亚细亚之东，最大之国也。其天时之和，地土之腴，出产之盛，人数之多，夐乎莫尚矣，然在天下又最弱最贫之国也。英国未立国之前，中原已称大国，又莫古于中国也。中国之地，大于英之本国三十倍有奇。中国民数，多于英之民数十倍。其地土出产，更非英国所能同日语矣。但中国如此之大而且佳，而英之富强，较中国最大之时而更大。何哉？天下无一海道，无一国都，无英人也。其权柄已行于普天之下，其统辖之民，与中国相埒。

以英之本国，进出货物而论，值银三千兆员。二十年来，英国生意之大，驾乎欧洲各国之上矣。若中国不过二百兆员，是英通商银数，大于中国十五倍。以英国中国人数核之，英国每人派洋八十四元，中国每人派洋五角五分耳。再以美国比之。夫美国最新之国，仅满百年者也。

[1] 本节底本出自林乐知《万国公报》之《中西关系略论·第四论中外交接其联络维持之法究竟如何办理》，见《万国公报》（第三册），第1528—1531页。

其民数仅四十兆，而进出货物，值银已有中国六倍。中国民数，多于美国九倍。以中国美国民数核之，美国每人派洋二十五元，中国每人派洋五角五分。此特就通商一事言之，推之他事，亦莫不然。

以西人而观中国，似不当如是也。无怪西人因通商来华，皆以为奇异，而欲查明何故矣。兹查得与外国相反之处，有大故一焉。外国视古昔如孩提，视今时如成人；中国以古初为无加，以今时为不及。故西国有盛而无衰，中国每颓而不振；西国万事争先，不甘落后，中国墨守成规，不知善变。此弱与贫所由来也。不知泥古，转以病今。今之时势何如？当审时度势而为之，超乎古之上，合乎今之时。此识时务者为俊杰[1]也。然居今而反古之道，行之太骤，人将有议其非者。必也从容不迫，思得善法，而徐徐更之，既不骇人之听闻，复可新人之耳目，斯为善变之法矣。惟是所变者，法也。而于孝弟忠信、礼义廉耻诸大端，仍万世而不易也。人又何疑乎？且即以忠字而论，设如有叛逆当前，以弓箭杀贼而不克，以枪炮灭贼而易平。同一忠也，不得谓弓箭杀贼为忠，枪炮灭贼非忠也。又如农家者流，以旧法耕田，而所获无多，易以新法，而收成倍蓰。法虽变，而耕者不变，然所收之五谷，多寡悬殊矣。此必当改变之法，急宜改之，可以成事，否则败矣。

夫天生民而立之君，君民一体，上下宜通也。倘君处深宫，民居草野，不相联络，以致国贫民弱，所中饱者，

[1] 识时务者为俊杰，语出《晏子春秋》：“识时务者为俊杰，通机变者为英豪。”

惟居官人耳。官一中饱，上下交困，如身不能使臂，臂不能使指，何以为国乎？是君与臣与民，当熟思上下相联之要法可也。昔罗马国有一相臣，设一寓言，可引证焉[1]。一日手足会盟，谓肚腹无能，而饱食终日，以后吾等当跷足敛手，不必为肚腹作马牛也。甫经数日，手足皆软弱不堪，而肚腹犹是也，因而悟曰："手足腹，当视同一体，不可一日相离者也。"如曰君自君，民自民，民无多求，所求者丰衣足食，与太平无事已耳，信斯言也。则君与民分，而国有不危者哉？此泰西各国，所为有公议堂之设也，而究未知中国能行焉否也？即或君民臣能联络矣，可望其能强矣。而弭内患，而御外侮，又自有法也。盖外侮，多由于内患未平耳。内患能平，外侮何自而生？如台湾、云南两事，内地不生莠民，日本与英国万无可乘之隙也。

以是知朝廷准与西国立约通商，传谕臣民，保护西人。朝廷之意，非不甚美。而通商大臣之外，凡各省内地官民，未尽周知，每遇西人，疾之如仇，而欲害之，以为有功于国，而不知误国也实甚。若云上谕传之未广，民人多事，不当专责之民。此又西国新报[2]之法，为最善矣。西国新报，由省而府而县，大小文武官员，以及乡镇商民，无一不观。凡国家出一令，行一事，必登新报。民人一见新报，遵奉无违，此内患不生，外侮不来之美法矣。中国无多新报，故知朝廷之命令者少也。但新报虽少，而

[1] 此处罗马寓言，指古罗马"胃和四肢"寓言，又称拉封丹寓言，原是古罗马执政官麦内尼乌斯为缓和贵族与平民之间的矛盾而用，后引申为唇亡齿寒、整体与部分密不可分之意。

[2] 新报，newspaper，今译报纸，晚清又称作新闻纸。

能将逐日所发之《京报》，遍示乡闾，乡民可见而知之。即或十人之中，有梗化者[1]两人，其有知识之八人，必从而劝导之，则无知者有知，而不至贻害国家矣。

倘使国人皆服，而边境有逆命之民。此弹压之兵，所不可少也。或谓兵即强国之法乎？非也。兵不过强国之法之一端耳。夫设兵有二法，一曰巡兵，一曰战兵。有巡兵，则道途之小事可平。有战兵，则国中之大难可削。巡兵，地方官养之。战兵，国家养之。所谓兵者，非徒穿号衣，扎营盘，成群摆队，耀外观已也，必舍弓箭刀矛，而易新法之枪炮，以耀武疆场也。然又非徒夸枪炮之新，必熟于操演，精于攻战，不令民畏，而使敌怯。遵军令，齐步伐，可战可守，而又必有明韬略之大帅，善为约束而教导之，斯谓之兵，否则闲人焉耳。或既有精明之大帅，平时操练战兵，而此省若干营，彼省若干营，遇有不测，作速调兵。而兵行迟滞，被害之处，已不可问，是有兵如无兵。

然则遍地皆养兵乎？而军饷又难继矣。即以哈密与喀什噶尔而论，东西相距，至少六千里，按站行走，将行百日，兵已疲惫，为之奈何？此又西国铁路之法为最善矣。中国如有铁路，五六日可到也。况中国兵丁，近来俱学西法，购洋枪，置洋炮，以为有备无患，而不知仅学至半途也。铁路行军，尚未梦见，不真徒费心思军饷乎？昔年德法构兵，其德能胜法者，非德兵果精也，在铁路行兵之神速耳。如无铁路行军，非但兵易落后，即弹药糗粮，亦易不继。兵丁枵腹，势必退而就食，而军事危矣。泰西各国筑造铁路，岂无

[1] 梗化者，意为顽固不化者。

因哉？且今之俄国精于造铁路者也，探定程途，由极西之地起，至与中国交界之处止，倘欲用兵，两礼拜可到也。中国行兵，而无铁路，最快一月，至迟三月，鞭长莫及，而俄兵已入境矣。不更观英国，又欲于印度造铁路至云南边界乎？若由印度行兵，三五日可到也，危乎不危？中国于此，尚可置铁路之法于不问耶？其造铁路之法，以京都为总汇之区，分出支路，通连十八省，省省相连，斯为要着。较之以银洋置办枪炮药弹等物，有事之秋，固属要物，无事之日，置之无用。而铁路则不然，有事于兵家最利，无事为通商捷径，无穷之利，由此而生。

以上乃论陆路之兵法也。若夫中国滨海之省多矣，炮船又何可少乎？大而铁甲，小而轮帆等船，皆足以资扞卫而壮国威也。但中国有造船造炮之局矣，有买船买炮之举矣，而驶船者不得其法，放炮者不知其法，虽有好船好炮，行至海中，特为他人作嫁耳。不但此也，搁浅之虞，亦宜考究。如天津、吴淞等口，若非开深，炮船难以出入，岂法之善哉？其他有关于军事者，则电报是也。譬之救火者，高建一楼，置大钟于上，一遇火警，击钟几下，即知某处火灾，趋而往救之，易事也。火患尚宜若此，况用兵大事乎？何能建楼鸣钟，而令通国皆闻耶？此又西国电报之法，为最善矣。电报瞬息千里，神妙难言，中国文报，以千里马传递为最速，较之电报，相去天渊矣。夫电报尤速于铁路也。如某处兵兴仓猝，由铁路传信，或历两礼拜而后知，即由铁路行兵，亦必历两礼拜而后至，如此往返，已一月矣。若用电报，顷刻即知，旋即调兵，由铁路驰往，甚速也。现在电线，由中国通连外国，有两条焉。紧急信息，五万里之遥，往返只须一日耳，况电报亦非特利于行军也。即平时传递文书，以及货价行情，甚为有益。此事中国，岂可再缓乎？普天之下，铁路电报所在皆有，仅余一大国未办，非中国而何？然中国欲办此炮船、铁路、电报，甚非易事。当此库款支绌，除关税厘金而外，别无他款可筹，以国家有限之财，办此炮船、铁路、电报诸大政，愈办而愈穷也，是非急于谋富不可。

九、论谋富之法[1]

夫所谓富者何哉？中西之富，不专恃天时地利也，不专恃人之四肢百体也，更不专恃山有五金与煤之藏也。如以五金与煤藏于山者为富，则今之美国，未立国以前，不过土人居住而已。土人所食者，不过野兽而已。迨立国之后，而富足非常，非犹是土人所有之地乎？而土人何独穷而不富也[2]？然则富果何由而得乎？曰自勤中来也。天以金木水火土谷，付于人，欲人自取之而自用之耳。天以心思才力，赋于人，欲人能用其心思才力耳。人各竭其心思才力，取五金之材料，各随其材料而置为器皿，此勤之谓也。然勤必有法。而勤非泛用也。离乎勤以言法，不足以致富；离乎法以言勤，亦不足以致富。勤以行法，法以辅勤，而富可谋矣。

勤之大者，不外农工与商耳。此三者各随其人之本分，而思得其法，以各尽其勤也。既知各尽其勤矣，再加

[1] 本节底本出自林乐知《万国公报》之《中西关系略论·第四论谋富之法》，见《万国公报》（第三册），第1555—1558页。按次序，此论当为报刊版的“第五论”，然原文称“第四论”，当是笔误或者印刷误差。

[2] 欧洲白人进入北美洲后，为了获取土地，曾采用暴力、欺诈、购买等手段，发动充满血和泪的西进运动，驱赶印第安等土著部落，致使白人富而他种穷的局面出现。林乐知并未提及美国这段不光彩的历史。

以法之新且巧者，省其力而事半功倍，岂非人劳我逸乎？试即农工商而分言之，农宜审其天时地利，孰宜稻，孰宜麦，孰宜木棉杂谷，顺物性之自然，而无待勉强，此农田之大要也。但欲广种博收，竭一人之力而为之，其人劳苦不堪矣。是必有新法最利之耒耜，而加牛马之力以助之可也。

本馆主人，曾由粤东[1]至北省，及蒙古一带，便中细察农田工夫，直与西国二千年前无异，一人所为，仅供一人之食。所谓余三余一者，徒托空言，缘无新法之故，即非生财之道也。况西国所望于中国者，岂徒丝茶两物哉？如甘蔗、木棉、米、麦、烟叶、葡萄，如能各精各业，多种多出，除本国需用外，运出各口，亦一大交易也。再加以西国新法，拣选嘉种，精益求精，助其勤而减其力。余下闲功，可似西国男女老幼，读书识字，更不妙耶？

至于工之一道，制造各物，较农事为更夥矣。以木与铁而置为各器，小之为日用所必有，大之为常变所必需。中国非材料不全，非人工不勤，惜无新法以佐之，无怪不如英国之富矣。英国之富，由于通商制造两大端。英国由他国运来材料，制造成物，复运往他国出售，货不停而利自生，宜其大富大强，天下莫与京也，岂若中国各谋各业，不立股份公司，仅顾一人身家乎？中国果仿英国所行，其材料为中国所无者，以中国之所有者易之，制造成物，仍为中国人买之，不似英国运进运出，使费不赀，更为有利，此致富之由，与英国何多让耶？

若夫工商也者，与农工相辅而行者也。农工无商，则有货不行；商无农工，则无货可行。商人得法，于农工大有益也。夫通商有二法，一曰内地通商，一曰各口通商。

[1] 粤东，在清代指广东，与其对应的是粤西，即广西，合称两广。

通商最关紧要者，贸迁之法也。贸迁不得其法，富于何有？惟以省功、省力、省费之新法，而运货敏捷斯可耳。凡遇水道，轮船载货驶行。凡遇陆地，开通铁路，火车运行。而火车驻轮之地，宜于横路多备马车驳货，分送各路，如轮船之有驳船也。轮船火车之利，其致富有莫可言宣者。试以英俄两国买中国之茶而言之。英由上海，用轮船载茶至伦敦，仅须四十五日，如茶价每担三十五两，加上使费，每担不过三十七八两之谱。俄由北通州，用骆驼运茶至俄之销货码头，计程二万余里。每骆驼至大者，仅能负茶五担，行之速者六阅月，迟或八阅月也。一小轮船所载之茶，必用两千骆驼运送，如茶价每担三十五两，加上十倍使费，成本已三百五十两矣。此俄国茶叶生意不能兴旺之明征也。是以决计开通铁路，至中国交界之处，以火车运茶，早则两三礼拜可到，至迟三四礼拜，无有不到者矣。如此使费必少，茶价大减，而食茶者必多十倍人也。俄国多十倍人买茶，华人可多十倍人销场。此铁路一成，岂专有益俄商，而无益华商哉？即俄国运来各货物，更可价廉矣。

凡西国地界相连，无有不造铁路者。铁路相连，两国无殊一国。彼此通商，货物川流不息，而货价不至居奇。所有内地需货之区，均沾其利也。且而铁路之益，非第处常通商已也。以中国而论，水旱偏灾无时不有，如有铁路，凡穷民无告者，有铁路运货而救饥荒，穷民几忘凶年之苦矣。即如印度当年，旱魃为虐，彼时铁路尚未成功。印度总统[1]先行以工代赈，着饥民将铁路铺平。俾各路客

[1] 印度总统，在晚清实指英国驻印总督，1950年印度正式独立为印度共和国后，才出现印度总统称谓。

商，得以火车运货而来，救活百万生灵。此内地通商，有铁路之益也。至各口通商，则恃有轮船之利。轮船速于帆船，省功省费，且可计日而到。一到口岸，即行照例纳税。嗣后任其所之，无复有报税之举。货物源源不绝，国家与商人无不获利。而中国则不然。货船到口，过一关，必报一关之税，十八省几同十八国，多设官员差役，商船过关，诸多勒索，格外留难，商人裹足，视为畏途，货物反行阻滞。而夹带偷漏之端，由此而启。是多设关卡报税，而纳税者反觉其少矣。

夫轮船与减税，既若是其有益也，而国家之公信局，又何可不设耶？中国传递文报，以千里马为最速，然只利于国也。民间信局虽多，信资昂贵，且常有不能寄到之时。若泰西各国，则有公信局焉。公信局由国家主持，凡寄家信以及货价行情，先买信票，至远之信，每封不过百文，水路轮船，陆地轮车，有余利公家收之，有亏折公家助之，商民皆利矣。合之电报之益，皆富国之道也。虽然犹有说焉，造轮船、铁甲船、枪炮、铁路、电线诸大端，舍煤铁何自而成？是开矿一节，又不可缓。以必需之煤与铁，制造无数之大宗小件，以供人无穷之用，较之金银尤贵也。而金银各矿，亦在所当开。以中国所有之金银，照大小洋蚨之式，铸而为钱，便于民用，通行十八省，不胜于元宝等银，拙而多耗耶？但开矿非得新法，则又徒劳无功矣。

以上所论水力火力，省功省费，利于农工与商，皆生财富国之法也。顾富国在于生财，而理财尤当节用。民间甘于淡泊，自知撙节者无论矣。国家无事不委之于人，所用者皆廉洁之士，固有益于君民。非然者，徒费廉俸[1]而已。但中国官员，廉俸本菲，加以减成支领，更形艰窘。宜厚其俸禄，庶免大小臣工交征利也。试观盐漕两务，积久弊生，不可枚举。盐务以为利民，而实病民。官引[2]不销，势必增价，民食贵盐，民多费矣。何如散入民间，听民自办，逢关报税，与麦米同例，利国利民，何便如之？漕务则从公折色，招商运米赴京，照时作价。其银或以汇票带回本处，归银行兑银，轮流转运，省却无数运费，无数冗员，不又以节用而为生财之法乎？然此皆中国之事，非予西人所得与闻。不过为秉国钧者，献刍荛之言，以备采择焉耳。总之，中国宜生财，宜节用，西人亦欲生财节用也。各国商人运货至通商口岸，非必欲往内地出售也。中国商人若以轮船轮车，运内地之货至海口，售与西商，复接海口西商之货，以轮船轮车运往内地分售。各省西商，何乐多开口岸，多设领事，而费公帑，多开行栈，而费资本乎？中国如能照此行之，吾知西商之已入内地者，必逐渐退回口岸，其势然也。中国于是乎强，于是乎富，于是乎与西人善为联络，善为维持，而不失为自主之国矣。夫何问乎西人散布中原，又何患乎英俄为中原接壤之国哉？予于中国有厚望焉。惟是所论者，农工与商耳。而明此理，出而办此事者，非士也耶？夫不学无术，士岂能率尔操觚哉？是必有当学之法也。

---

[1] 廉俸，雍正朝后清朝养廉银和俸禄的合称，在数额上以养廉银为大宗。

[2] 官引，此处专指清代盐引制度，是官盐制度的一种。清朝官方在盐场收拢食盐后，将食盐划分为“引”，每“引”配发盐票。此票被称为“引票”。盐商须买到“引票”，方可买盐售盐。由于盐利巨大以及私盐泛滥，盐引制度下实则官商勾结，多有腐败。参见陈锋著：《清代盐政与盐税》，郑州：中州古籍出版社1988年版，第59—84页。

十、论谋富之法[1]

前论农工商谋富之法矣，而独未及士者，非士可置而不论，正以士之所关者更大也，试言之。

重耕读而轻工商，中国之弊，与西国当年相同。西国有贤者出，剔其弊而兴其利焉。谓士聪明出众，只谋富贵于一身，而于农工商无与也。农以耕田糊口，工以手艺营生，商以贸易为业。其势分而其情不属，几如脉络之不相连矣。可乎哉？况农工商各有经营之事，而士则养尊处优，徒工文字而待食于人。叩其功绩，无补于世，亦奚贵有此士人哉？虽曰："无小人莫养君子"[2]，而孟子则云："农有余粟，女有余布，不通工易事之过也。"[3]其不能通工易事者，士人能诿为不知耶？然不必非古而是今也。上古洪荒甫辟，文教未兴。后世才人辈出，驾前古而上之矣。宜其著作日益而日深，事业日增而日盛。犹是心

[1] 本节底本出自林乐知《万国公报》之《中西关系略论·再续第四论谋富之法》，见《万国公报》（第三册），第1582—1585页。

[2] "非小人无以养君子"，语出《盐铁论》："非君子莫治小人，非小人无以养君子"，源自《孟子·滕文公》："无君子莫治野人，无野人莫养君子。"

[3] "农有余粟，女有余布，不通工易事之过也"，语出《孟子·滕文公》："子不通功易事，以羡补不足，则农有余粟，女有余布；子如通之，则梓匠轮舆皆得食于子。于此有人焉，入则孝，出则悌，守先王之道，以待后之学者，而不得食于子。子何尊梓匠轮舆而轻为仁义者哉？"

思也，犹是才力也，而今人之胜于古人者，非于心思才力之外，而别擅奇能，实于心思才力之中，而独标新颖。是以突过前人而谋国之法，能令上下情通，四民意合。其功非出自士人乎？中国则以率由旧章，为不违先王之道。而不知先王之道宜于古，未必宜于今。今之时势，非先王之时势矣。中国士人何食古不化若斯哉？终年伏案功深，寻章摘句，以为束身于名教中也，而实为八股文章束缚其身耳。天下所望于士者安在哉？

古今来之大学问有三：一曰天道之学，即天地万物本原之谓也。一曰人生当然之理，即诚正修齐治平之谓也。一曰物理之学，即致知格物之谓也。三者并行不悖，缺一不足为士也。而今之中国士人，天道固不知矣，即格致亦存其名而已。所伪为知者，诚正修齐治平之事耳。言大而夸，问其何为诚正，何为修齐，何为治平，则茫乎莫解，与未学者等。谓之为士，其信然耶？中国开科取士，立意甚良，而惟以文章试帖为专长。其策论则空衍了事也。无殊拘士之手足，而不能运动；锢士之心思，而不能灵活；蔽士之耳目，而无所见闻矣。倘能于文诗策论而外，讲求尧舞[1]禹汤之经济，文武周孔之薪传，中国不几独步瀛寰，而为天下万不可及之国哉？予不禁旷然而遐思，罣然而高望矣。

昔英国相臣名贝根[2]者，读书人也。辨明古法，易以新法，而弃古法。三百年来后人宗之，无有变易，洵为格致中有开必先者。近来格致之法日增一日，传遍天下，皆相臣

[1] 原文为“舞”，根据句意当为“舜”。

[2] 贝根，指Francis Bacon，今译弗朗西斯·培根（1561—1626），英国著名哲学家，近代实验科学和归纳法的创始人，著有《新工具》《论科学的增进》《培根随笔》等。

贝根之前功也。又法国于二百年前，有户部大员名戈勒贝[1]者，见国中制造无多，外口通商有限，以及各等工作，殊非富国之谋，欲以新法而更旧制。斯时也，民人多有不服者。该大员任劳任怨，设天文馆、储才馆，讲求天文格致之学。而又通商、减捐、清还国债以兴法国。至今史册中论富国之法，无有能出其右者。其国皇薨时，民间俱以贤君能用贤臣，归功于贤君矣。又俄国于二百年前，其国皇名被德[2]，冲年即位，国势不兴。闻欧洲各国俱以通商富国，欲遣使臣访询其故，而于心有耿耿不释者，遂将国事付相臣摄理，亲赴荷、英两国，查看各法。回国时，聘请两国能员一同来俄，传授富国之法，嗣又遣使巡历各国，增长见识。又招请各国贤员，为俄国立定根基，而俄乃昌大焉。当被德皇在位时，国人始而不愿，及其薨也，又称大被德皇矣。是英法俄三国如此富强，皆由于有贤君，有贤臣也。

盖国家用人，欲其治民也。所用者皆贤臣，增光上国，天下仰之。所用者皆庸臣，驱之东则东，驱之西则西，栗栗危惧，仅供奔走，如牧牛羊，而不效犬马之劳，此非国家取士之本意也，又何问乎所治之民耶？夫所贵乎士者，以己之聪明，觉人之聪明。胥天下之农工商，均受裁成于士人之手，则士之成就凡庸者大，而人之受惠于士者多矣。

---

[1] 戈勒贝，Jean-Baptiste Colbert，今译让-巴普蒂斯特·柯尔贝尔（1619—1683），路易十四时期著名的财政大臣，奉行重商主义，大力发展国内外贸易，对法国的崛起和发展起到重要作用。

[2] 被德，指Peter，今译彼得一世·阿列克谢耶维奇（1672—1725），俄罗斯帝国首位皇帝，在位期间力行集权，模仿西欧大力推行改革，发动对外战争，增强了沙俄的国力和版图，被后世尊称为“彼得大帝”。

虽然，中国以文章取士，其中莫谓无经纬之才也。京以内恭亲王、文相国，立天文馆、同文馆以培植人才。京以外李伯相鸿章，原任冯中允桂芬，现任福建丁抚军日昌[1]，江苏前臬宪应廉访宝时[2]，现任苏松太道冯观察焌光[3]，倡办上洋制造局与广方言馆，厥功甚伟，中西人皆颂其能。他如福州、广东两省皆有制造局，为国家立富强之业。办理局务大员，皆伟人也。之数人者，何尝非以文诗取功名者哉？又如京城天文馆之李君壬叔[4]，上海广方言馆之徐君雪村[5]，与其嗣君仲虎[6]精于化学，华君

[1] 丁日昌（1823—1882），字持静，广东丰顺人，历任两淮盐运使、江苏布政使、江苏巡抚、福建巡抚，晚清洋务派重要代表人，留有《丁禹生政书》等。

[2] 应宝时（1821—1890），字敏斋，浙江永康人，历任上海道台、江苏按察使，对推动江浙洋务起到重要作用，编著有《射雕词》《上海县志》。臬宪，乃是清代按察使的俗称，又称“臬台”。相关的有“抚台”，即巡抚；“藩台”，即布政使；“学台”，即学政。

[3] 冯焌光（1830—1878），字竹儒，广东南海人，李鸿章幕府重要成员，长期总办江南制造局，后任苏松太道，参办外交事宜，1878年参办中俄伊犁交涉问题后，于返途中英年早逝。

[4] 李壬叔，即李善兰（1811—1882），字竟芳，别号壬叔，浙江海宁人，晚清著名数学家、天文学家，曾任职于墨海书馆，加入曾国藩、李鸿章幕府，同治七年北上进入京师同文馆，任天文总教习，留有《则古昔斋算学》，对近代数学的发展起到重要作用。

[5] 徐雪村，即徐寿（1818—1884），字生元，号雪村，江苏无锡人，晚清著名化学家，造船业先行者，与华蘅芳造出最早的轮船“黄鹄”号，与傅兰雅创办格致书院，是曾国藩的重要科技幕僚。

[6] 徐仲虎，即徐建寅（1845—1901），字仲虎，徐寿的次子，近代化学先驱，自学并成功仿造“无烟火药”等，对近代兵工业起到重要作用，1901年献身于汉阳兵工厂制药试验中，译著有《化学分原》《造船全书》《欧游杂录》等。

若汀[1]精于算学，李君丹崖[2]精地理学，赵君静涵[3]精医学，贾君步纬[4]精天文学。诸君皆名重一时，不多见之才也。嗣有接踵而起者，谓此犹非富国之全功也，于是奏请挑选幼童，督率出洋，亲往美国，精习各等有用之学焉。

然则富国之法尽于是乎？未也。总理衙门各大臣、南北两洋通商大臣、各省封疆大吏如李伯相鸿章、新任两江沈制军葆桢[5]、新任两广刘制军坤一[6]、宫保山东丁抚军宝桢[7]、福建原任王抚军凯泰、前任两江李制军宗羲，皆心乎国政，欲以新法而焕新猷，而各有奏章入告。欲将孔圣所云致知格物功夫，趁西法入华，而令各省立储才馆，以惠后学矣。夫所谓储才馆者，非弃文诗于不讲也。不有数学在乎？代数、几何、平分角法、弧三角法、微分、积分、工程总法、对数、天文数学、制造机器、测绘海陆等类是

---

[1] 华若汀，即华蘅芳（1833—1902），字若汀，江苏无锡人，晚清著名数学家、化学家、教育家，曾入曾国藩、李鸿章幕府，留有《行素轩算稿》等。

[2] 李丹崖，即李凤苞（1834—1887），字丹崖，清代江苏崇明县人，李鸿章重要幕僚之一，历充驻德、奥、意等国公使，曾主办购买军舰，因贪污而被革职，先后著有《四裔编年表》《西国政闻汇编》《文藻斋诗文集》等。

[3] 赵静涵，即赵元益（1840—1902），字静涵，清代江苏新阳县人，长期供职于江南制造局编译馆，早年学中医，后翻译了不少西医书籍如《法律医学》《西药大成》，著有《儒门医学》。

[4] 贾步纬（1840—1908），字心九，清代江苏南汇人，晚清著名天算家，长期供职于江南制造局编译馆，精通英文，编译大量西方科技军政书籍，首次引进西方计算器，留有《恒星表》《八线表》等。

[5] 沈葆桢（1820—1879），字幼丹，福建侯官人，林则徐之婿，晚清重臣，曾参与镇压太平天国，构建福建船政局，建设海军，有力推动洋务运动，历任江西巡抚、福建船政大臣、两江总督兼南洋通商大臣，留有《沈文肃公牍》等。

[6] 刘坤一（1830—1902），字岘庄，湖南新宁人，晚清重臣，刘系湘军统帅，历任广西布政使、江西巡抚、两广总督、两江总督，留有《刘坤一遗集》等。

[7] 丁宝桢（1820—1886），字稚璜，贵州平远人，晚清名臣，历任山东按察使、山东巡抚、四川总督，对晚清兵工业发展起到重要作用，留有《丁文诚公奏稿》等。

也。不又有重学乎？静重学、动重学、水力等类是也。推之光学、声学、天文、吸铁学[1]、电气学、矿学、冶金学、地产学、开矿学、农学、化学、热学、地理学、史学、种类学、植物学、动物学、航海之法、造船之法、绘图法、御风术[2]、水陆兵法、理财富国之法、律法、万国交涉公法、医学等类是也。以上各学皆储才馆所必不可少者。

然储才馆类聚英才而教之，而新闻馆则分散天下而观之矣。凡国政民风与商贾农工之事，无一不登新报，令阅者增广见闻。其有益于人心者，实非浅鲜。试即美国一国而论，当一千八百七十年，登册者六千馆。是年之中，日报、礼拜报[3]、月报、四季报，统计一千五百零八兆五十四万八千二百五十张之多。中国能于储才馆之外多立新闻馆，令聚而学者有实效，散而观者有多闻，不更大快人心哉？本馆之《万国公报》，择西报中之有益于中国者，译而登之。即善与人同之意耳。且也新报一多，作者皆胆识兼全之士，彼此互观，是又以聪明才学为通商之一法也。后世必有颂各大臣之功德于不衰者矣。

但立储才馆，讲求以上紧要之学，必时值升平而为之也。其所谓升平者，要不外各国往来，永敦和好，而免猜疑耳。所以各大臣中有奏请“简放公使与立领事官，分驻各国，不可再缓”之语，其即此意也与。盖有公使驻扎外国，遇有中外交涉事件，彼此互相辨论，其能奠邦家于磐石，而免外患之侵者，其功不在铁甲念[4]只之下也。要之

[1] 吸铁学，当指磁力学。

[2] 御风术，当指气象学。

[3] 礼拜报，即周报。

[4] 念，原文如此。根据句意，当为“船”字的误写。

有治人，斯能有治法。事非徒托诸空言，而有治法，尤贵有治人，功乃莫臲于末路。是所望于中国之圣主贤臣焉。本馆主将引领望之，拭目俟之矣。

卷二

一、论天道之学[1]

前论通商与交界等事矣，尚有传教一事，亦中西关系之最重者，势不得不论及之也。然仅论其末，而不探其本，则犹未得其指归，而能与之相洽焉。无怪传教者来华，华人视与通商者判若天渊。不知通商者意在通商，并无有损中原之处；传教者只知传教，实无不利中国之心。而华人每以西士传教为多事，何也？抑知泰西各国，自朝廷以及民间男妇，莫不以教道为依归耶。大而齐家治国，小而日用起居，其当然之理，皆由传教者所设施也。故凡大小书院，造就人才之地，出于传教之门者，十居其九矣。即国家奉行之律，亦必与教道相参，而始能行之不悖也。

非但传教者在西国为最尊[2]，近来中国东洋之经史子集及释道等书，非传教者译出西字，西人何由而知？西国

[1] 本节底本出自林乐知《万国公报》之《中西关系略论·第十论神理之学》，次序在《新议论略》之后，见《万国公报》（第三册），第1690—1692页。二者内容基本一致，但林乐知将其汇编成书后，将“论神理之学”改成了“论天道之学”。

[2] 中世纪时期传教士地位很高，近代宗教改革、启蒙运动后，神权地位下降，天主教士受到冲击，新教传教士地位有所抬高，但二者迄今仍是西方社会结构中非常重要的阶层。林乐知所论小有不妥，但大体合理。

之天文、地理、格致、算学等书，非传教者译出华文，华人何自而喻也？以是知传教者为西国之真正通儒[1]矣。且也中国所请教授生徒者，非传教人乎？率领幼童[2]出洋肄业者，非传教者之门徒[3]，为之先容乎？议禁洋烟，以兴中国，发明格致，以富中原，非传教者一片善心乎？华人只重传教者之天文、格致等学，而轻视传教者天道之学，可乎哉？盖传教者操守不移，德性坚定，最为可靠之人，与之相亲相近，非无益也。

夫所谓天道之学者，果何学哉？试即最重者言之。造人物者必有主。苟无主焉，譬之水无源，木无本矣。而所谓主者，则独一无二也。何以知其独一无二也？仰观于天，以天文表明之，一理也；俯察万物，以格致推勘之，一理也；极万国之人，而课以当行之事，一理也。既理无二致，即无二主，有明征矣。而华人亦知言天，而不言理中之主，殊不可解也。理中之主，即天律也。以天言天，天何物也？以地言地，地何物也？置身于月[4]之中，而观天观地，则天即地，地亦天也。为其一身一体，所同者

[1] 通儒，指博古通今、学识渊博的儒者，源出《尉缭子·治本》。

[2] 幼童，指留美幼童，是1872—1875年由容闳率领留美的官派留学生，因平均年龄为12岁，故史称留美幼童，先后共有四批，对近代中国科技文化的发展影响甚大。1881年因国内保守势力反对，留美幼童被撤回，引起诸多不良影响。

[3] 传教者之门徒，实指容闳（1828—1912），广东香山人，号纯甫，早年就读于马礼逊学校，受洗成为基督徒，后留学美国，毕业于耶鲁大学，回国后经商买办，参与创建江南机器制造局，发起大清官费留学生运动，担任留美幼童出洋肄业局副委员（正委员乃陈兰彬），后一度出任美国、西班牙、秘鲁三国使臣，在清末也曾参与戊戌变法和辛亥革命，被誉为“中国留学生之父”，乃近代中国西学东渐之先驱。参见容闳著：《容闳自传：我在中国和美国的生活》，上海：百家出版社2003年版。

[4] 原版如此，怀疑“月”之前有“日”，合为“日月”之意。

理也。夫理不有主之者耶？人生当行与不当行之事，不外乎理也。非人能自主，造万物主者主之也。不观当然之理乎？孝弟忠信，礼义廉耻，皆理也。天下皆同也。而主持此理者，即造人物之主耳。

中国空言格致，而失其真传，泛论当然之理，而不深穷其奥，无怪日谈理学，而不知即天道之学也。于是不明天文之学者，所以于日食月食之时，而有鸣锣放爆以救之者也，不明格致之学者，所以于雷于火，而有造庙建寺以祀之者也，不明天道之学者，所以信佛畏鬼，而有修斋建醮以禳之者也。凡此皆不知理之所从出也。顺理而行者，顺理中之主也，谓之善人；逆理而行者，逆理中之主也，谓之恶人。善恶两途，由理而分，即由理中之主分之也，既分其孰为善孰为恶矣。而善何以赏，恶何以罚，必准乎理以为赏罚，而理非空谈矣。人以理衡量终身所行之事，无一事之非善，固终其身为善人也。人以理衡量终身所行之事，万事善而一事恶，即终身为莫赎之恶人也。若中国所云人性本善一语，将胥世人皆顺理而行，无一逆理而行者，其不能也，有断然者。由是而以理衡人，终身无一恶言恶行，且无一恶念存乎其中，天下有几人哉？既不能有善而无恶矣，则善恶当有报也。善恶无所报，而同归于尽，理不将退处于无权乎？而理必不容也。理无所容，是人获罪于天之理，即获罪于理中之主矣。以故悖理之人，皆主此理者之前之罪人也，而能无所罚以示警乎？

盖国法诛人之身，而天道则诛人之心矣。以国法与天道相较，天道先而国法后也。畏天道更甚于国法，畏其诛心也。第无罚而理无所凭，必执理而人无遗类，为之奈何？幸也，天有好生之德，诞降耶稣而救世也。夫得救者，非出于人之所求，出于万物主爱人之心也。凡信耶稣者即得生，其所以得生者，有耶稣代人赎罪而死。世人有罪者，如应死者已死，复从死中而得生也。信耶稣则生，离耶稣则死。必将自身之恶言恶行恶念，洗涤净尽，如耶稣之洁净而后可。故受耶稣爱人之心而得救者，恩莫大焉。既沐其恩，何可不感？既知感恩，何可不报？欲报其恩，当必广播其恩于无穷无尽也。

传教者，一本耶稣救人之慈心，一遵耶稣救人之遗言，不得不周流天下，普救世人。此传教者之缘由也。盖耶稣为救人而生，为救人而死，其生死为一理字而已。传教者体耶稣之心，为天下申明当然之理，欲天下人荡垢涤瑕，弃邪归正，顺理而行焉耳。信耶稣者为顺理，否则逆理。传教者握一理字而行，于天下无所关系，何独于中国而有关系耶？夫乃知主理之主，即万物之主也，万物主一视同仁，非有益于彼而有损于此，亦非故厚于此而故薄于彼矣。然此理此罚之中，所谓中西关系者，究不在此？

昔耶稣遗训于门徒曰："尔等受天所赋而为人，当洁其身如牺牲，以祀上帝，不负天之所赋，而为天所悦也。"以此事天，当然之理也。视世俗之所尚者，悉屏绝之。笃信天道之学，万善俱备，不与天道相歧。其居心也，宜谦恭而勿骄矜。其守分也，宜居易而毋妄作。天所赋于人者，各如其分量以相偿。譬人之四肢百体，其用处非一端矣。而在俦类之中，以天道之学绳之，同为一身耳。故联络焉，如指臂之相助。虽天资有厚薄之殊，而得天之厚者为先知，于是有大任之责者，当勉而行之，毋稍怠。有教诲之责者，当善为导之，毋稍弛。有劝谕之责者，当婉为宣之，毋稍厉。其济人之贫也，行以赤心。其尽己之职也，持以定力。其卹人之苦也，济以和衷。有爱非虚，见恶必儆，近仁必亲，相友相让，无殊弟子之于尊长也。况所为必敏，所志必坚，遵奉天道之学，即遭患难而无怨于心。推之同类有困苦者助之，有来投者抚之，有来辱者恕之，是同乐而同忧矣。而且善与人同，和以处众，有冤不报于同侪，俟天道罚之斯可耳。推此心也，虽敌人当前，饥可与之食，渴可与之饮，此以善胜恶，不以怨报怨也。

夫天下所贵者，非权也耶？君王之权，官府之权，皆权也。官府代君王而行权，君王代天道而行权，故畏天道者畏其权也。天道重，天道之权尊也。逆天道，即逆其权矣。然天道之权，善人不畏，恶人畏之，所谓刑加作恶者此尔。人能于一切苟且之事，摒挡净尽，只知爱人，不知负人，即尽天道之量也。始而迷者，今当悟矣，有如白日当空，各宜猛省，其殆以爱人如己之心，于天道中而能充其类也乎？传教者视天道之学，无有加于其上者。上而君王，下而臣庶，无一可自外于天道之学也。不自外于天道之学，则君王之权贵，官府之权亦因之而贵。欲行其权，遇有恶人，安能不加之刑乎？加之以刑者，无权不能也。不知天道之学，何能行权？且焉知权从天道中出耶？天生耶稣，所有之权，待时而行，特垂遗训于后之传教者曰："尔等为天道传教于四方，先宜忍人所不能忍也。"盖耶稣当年，道大莫容，人恒忌之，且欲害之，又安知后之传教者不如当年耶稣之受窘也？然道愈困而愈显，境愈苦而愈甘。故今之传教者，不问甘苦，惟以传教为心，宣明天道之学，与斯世守一爱字而弗离，以毕传教之职，尽传教之心而已。他何求哉？所谓中西关系者，更不在此？

二、续论天道之学[1]

前论天道之学，已包括爱人之心，无轻重，无厚薄，皆出于大公之量矣。夫此大公之量，即天道之学，与人生当然之理，并行而不悖者也。此理非但行之泰西各国而已，乃天下万国所公共之理也。既为天下所公共之理，而谓与天下有关系者，岂理之咎哉？传教者遵耶稣遗训，周流列国，以天道觉斯世之民，而为耶稣救人之证。不辞跋涉之劳，尽其心而竭其力矣。然初至之国，鲜不视为仇雠，毁谤之加，杀害之惨，而传教者则坦然由之而无虑也。乃久之而仇雠者，以为恩矣。毁谤者，深相信矣。杀害者，反保护矣。后此相爱之意，较之当年相恨之情，而更深矣。噫！异哉！岂爱人之理，感人易入哉！

自来传教者，命驾遨游。亲戚中有牵裾而送者，莫不垂涕泣而道曰："吾见子之出，恐不见子之入，以蹈先世传道之惨也。"抑知先难后易，先逆后顺，而竟出人意料所不及耶？此泰西各国历来传教之情形也。其艰难险阻之遭，无庸赘述。试即传教者来中国而观之，即可知与西

[1] 本节底稿出自林乐知《万国公报》之《中西关系略论·续第十论神理之学》，见《万国公报》（第三册），第1719—1722页。图书版改动了标题。另外报刊版有附列"节译前任英国驻扎中国钦差中西关系略论"。

国当年之传教之情形无异矣。其所以无异于西国当年者，即中西之关系在此也。盖关系之处有二焉。一由于中国人之疑，一由于传教者之法。曷言乎中国人之疑也？其弊在君子居上，小人当权，而君子每为小人所惑也。君子者，有知者也，知之为知，不知为不知，追本穷源，必探其事之本，而始行之者也。小人者，无知者也，当知不知，且以不知者而强为知，弃其本而齐其末，本既乱而末治者鲜矣。其尤甚者，小人问难于君子，而君子含糊以答，不切指其是非，则小人遂以强为知者，肆行无忌，不以为非，而以为是矣。

譬之中西互市，有识之君子视为通商之法，立和约而允其行。而小人则疑为瓜分中原境地，剥削中国银钱，多方阻挠，酿成巨患，而误国家。此君子小人所由分也。请论小人之误国也。其谈风水[1]也，不明格致之学，而以风水为可凭，君子未能慨切辨之，小人信以为真。非风水误人，信风水者自贻伊戚耳。是以信风水之小人，多于君子。而在上之君子，不惟无以开导而禁止之，而反听其所为，转若以风水为治国之经，无怪小人当权，而风水之说遂中于人心而不可解。此开矿之事，难于遽行。中西关系之大，即于国家大不便也。

惟望君子设立储才馆，讲求格致之学。格致之理明，而风水之说，不待辨而自息矣。即如白昼而行墦间，心无所怯，夜行则疑心生鬼，寸步难行，一见灯光而胆忽壮。格致者，即风水中之白昼与灯光也。小人之见识，大

[1] 风水，道家术语，主要涉及房屋及墓地选址、方位、内部建构等等，在古代颇为盛行。

抵如斯矣。再之天大雨时，雷电交加。敬雷者畏其击死，遂有建庙而造雷祖殿者。不知电与雷，二而一者也。先发光而后发声，如开炮然，何畏之有？且西国取其电气[1]而传信也，非明征耶？又有不明天文地理者，见日食月食与彗星，则以为关乎国家吉凶，或鸣锣救之，或建醮禳之矣。又有云天无二日，民无二王者。夫天固一日，天下岂止一王哉？据此而言，又中西所关系者也。其在不明化学之小人，祀祖祀神，而焚纸锭，见燐火而生惧生疑。不知焚烧纸锭，仍归本质，徒费钱文。若燐火，西人取作自来火[2]，以为日用之物，惧何为哉？疑何为哉？此等愚昧之见，举国如狂，皆君子未能详细辨明，予斯世以着实可靠之理。故小人愈作而愈伪，亦愈伪而愈迷也。

试观各省立词[3]立庙，金身木偶，妄拟嘉名，省省如是，而其数万有不齐。及问其真正之祀典，则多有莫名其妙者，不诚可笑乎？昔子路问事鬼神，子曰："未能事人，焉能事鬼[4]？"子之教子路也，意旨深矣。惜未指明何者为当事之神，何者为不当事之神，以立万世可宗之的。故后世藉神之一说，而演为异端，分门别户，各自为谋，其所由来者渐矣。且中国崇祀孔子，自孩提以至成人，不教而能，道在则然也。又何为邪教纷纷，杂出乎其间哉？此即小人心无所主，不知有一无二之天道，听其随心所欲，而为此渺茫无据之行径也。是犹无锦绣而衣败

[1] 电气，当指电磁波。

[2] 自来火，在晚清一般指煤气或火柴。参见袁伟华主编：《化学奇趣》，延吉：延边大学出版社2006年版，第2—5页。

[3] 原文为"词"，根据句意，当为"祠"。

[4] "未能事人，焉能事鬼"，语出《论语·先进》。

絜，无膏粱而餍糟糠，出于不得已之故耳。小人不得已而迷于邪说，故以日月有灵而拜之，以木石有异而拜之，甚至以禽兽能祸福人而亦拜之。凡此如藤葛丛生，无所依附，而委于地也。所谓本乱而末治者，不綦难哉？

本馆主横览万国，所在皆然，洵可叹也。自耶稣之理出，足以挽颓风而振靡俗。故西国前此之邪说，一扫而空矣。如英国之贝根，法国之戈勒贝，俄国之被德，欲改新法而弃旧章，民皆怨之，及新法有成，而国富强，民皆乐之。今即欲弃新法而复旧章，又万万不行也。夫耶稣之理，在西国当年行之，亦颇不易。今则西国遵奉者，如出一途。是故传教者，远来中国，明知泥于成见之小人，必有与之为敌者，谓耶稣之理与中国有何涉耶？揆厥由来，皆视中国重，而视外国轻也。鄙外国人之言语不合，文字大殊，礼貌无有，风俗两歧，今来中国，是奚为哉？于是有议外国人，詈外国人，怨外国人而欲害外国人者，且并耶稣之理而藐视之矣。

而欲其彼此联络，如胶漆之投，不为冰炭之异，难乎不难？然此亦不得专为中国人病也。以中国人而去外国，易地皆然，是皆不明，而狃于一偏之见也。本馆主游历乡间，见有乡人由上海归者，不知本馆主能说华言，三五成群，抵掌而谈，谓外国人之规矩何若，行为何若，并传教者之道理何若？本馆主静坐舟中，侧耳听之，语语似是而非，直若紫之夺朱，莠之乱苗也。而在言之者，津津而道，以为深知外国人矣，而不知皆梦呓也。因之一传十，十传百，未曾到过上洋者，信以为真，牢不可破，而中西之关系，遂根于此矣。

总之，君子在上，当以君子之所知者，辨[1]理中外交涉之事，勿令小人当权，干预政事，而于中西落落不合之处，生出祸端也。况中国大员，请旨简放钦差领事，驻扎外国，又请设储才馆，讲求格致。外国一闻此信，所有政事新报、通商新报、教会新报各馆主无不额手称庆，谓中西和好，愈加亲厚矣。凡往外国之钦差领事，多带华人出洋，令其细查外国根柢，非但于通商知其无伪无欺，并可知传教者之来中国皆正人君子，与人为善者也。且而他日设立储才馆，讲明格致，益知天道之学，字字俱有根据，非凭空妄造者比也。由是而中国小人无权，纵有以私心揣度天道之学，造谣生事者，皆可屏斥不用，而中西之关系，岂复有不安平者哉？

[1] 原文为“辨”，根据句意，当为“办”。

三、续论天道之学[1]

前论天道之学，谓华人少见多疑，因而有关系之处矣。兹即传教之法，略论其关系之所在。但历次所论，虽长篇累牍，究不过简便言之。若原原本本，逐一发明，非著成大书，不能毕乃事也。故兹论传教者之法，仍即大略而论之耳。

按泰西人传教而来中国，有三教焉。一曰耶稣[2]，一曰天主[3]，一曰希腊[4]，总之为基督圣教也。溯三教之名，非泰西之本名也。其天主教，或曰罗马，或曰捺丁[5]。其希腊教，或曰东罗马，或曰希腊。其耶稣教，则异乎天主，而曰修理正教也，其实皆从耶稣圣教中出焉。究其教之所由分，始也欧罗巴各国、亚细亚之西、阿非利加之北，俱为罗马所统辖。斯时基督圣教即盛行矣，嗣后愈行

[1] 本节底本出自林乐知《万国公报》之《中西关系略论·第十二续论神理之学》，见《万国公报》（第三册），第1779—1782页。

[2] 耶稣教，Protestantism，指宗教改革后的基督新教，主要分为路德宗、加尔文宗、圣公会、浸信会、循道宗。

[3] 天主教，Catholic Church，指兴起于罗马时期的基督教，历史最为悠久。

[4] 希腊教，Eastern Orthodox Church，又称东正教，源自东西罗马的分裂，在教义方面与天主教无甚区别，流行于东罗马帝国，包含今日之希腊、小亚细亚等地。

[5] 捺丁，Latin，今译拉丁。

愈广，而教愈尊，主教者几欲与国皇并驾也。居于西鄙[1]者，与东鄙[2]人族类不齐，语言各别，每于读基督圣经时，识见不同，故解释亦异，隐有分门别户之意。而西鄙人欲强东鄙人合而为一，而东鄙人不以为然。是时教虽未分，而分之势已成。然会中人分开传教，有时聚会议论教中之事，尚无自命为教中之王者。继也住罗马京城之主教者，人视为京城主教，故尊而奉之。而主教者，遂高自位置，以为分所当然矣，欲各处传教者一切所事，悉当听断于京城主教者。东鄙人大为不平，加以解释圣经之识见各殊，故居于西者为罗马教，又曰捺丁，居于东者为东罗马教，又曰东教，于三百六十四年分为东西两京城焉。虽教宗基督，而两京主教者有两不相上下之权。至三百九十五年，竟分为两国，而各行其教矣。

一千零五十四年，在西京主教者，有西罗马与捺丁之名；在东主教者，有东罗马与东教之名也。阅数百年后，分而复合。至一千二百七十七年，又分矣。嗣西罗马欲联东罗马为一教，而未果也。维时西鄙教会中人，又因主教者多所不合，欲分立教会，而人数不多，势不行焉。而主教者权势日尊，谓所主者天道之学，当驾乎国皇之上，既独擅教皇之职，又干预国皇之政，且于教会中，新设规条，全凭臆见，于圣经本意，相去悬远。是以各处教会中人，以为与政事有碍，与教事有妨，欲立一大公会，劝主教者修理不合圣经之事。而主教者不从，故众议沸腾，于一千五百三十年，遂自分为修理正教一途，事事俱本圣

[1] 西鄙，当指西罗马帝国。

[2] 东鄙，当指东罗马帝国。

经，即中国所称耶稣教是也。

自三教分立之时，希腊教居希腊国、小亚细亚、欧罗巴之东、俄罗斯四国也。天主教居意大利、奥士马加[1]、北非利亚[2]、法兰西、日斯巴尼亚、葡萄牙、比利时七国也。耶稣教居德国、英国、丹国、荷兰、瑞威顿[3]、瑙威[4]、瑞西[5]七国也。斯时也，即欧洲人分布天下之时，第一论中所论者是也。传教者遵耶稣遗训，乘此机会，与之偕行，劝化天下万民。凡大都小岛，无处不到矣。于是西半球、南北亚美利坚各国，从天主教者四十七兆二十万人，从耶稣教者三十兆人，从希腊教者无之。欧洲各国，从天主教者一百四十七兆八十万人，从耶稣教者七十一兆八十万人，从希腊教者七十兆二十万人。亚细亚洲，从天主教者四兆七十万人，从耶稣教者一兆八十万人，从希腊教者八兆五十万人。阿非利加大洲，从天主教者一兆十万人，从耶稣教者一兆二十万人，从希腊教者三兆二十万人。澳大利亚与各海岛，从天主教者四十万人，从耶稣教者一百五十万人，从希腊教者无之。计共从天主教者二百零一兆二十万人，从耶稣教者一百零六兆三十万人，从希腊教者八十一兆九十万人。

由此观之，三教中传教者所到之处，如此其广，并未奉国家之命，亦无利己之心。无非本耶稣遗训，为救人

[1] 奥士马加，当指Austro-Hungarian Empire（匈牙利语：Osztrák-Magyar Monarchia），今译奥匈帝国，地处中欧，主要遵奉天主教，由哈布斯堡王朝统治，19世纪至20世纪初欧洲强国，一战后解体。

[2] 北非利亚，似指Bavaria，今译巴伐利亚，今属德国，内有大量天主教徒。

[3] 瑞威顿，Sweden，今译瑞典，地处北欧，主要遵奉路德宗。

[4] 瑙威，Norway，今译挪威，地处北欧，主要遵奉路德宗。

[5] 瑞西，Switzerland，今译瑞士，其内新教主要指加尔文宗。

之证，感耶稣之恩，报耶稣之德，以爱人如己，视天下如一家，尽己之职分，无负耶稣所传天道之学而已。与通商者虽同往异邦，而视通商谋利者，迥不同矣。是三教异其名，传教者不异其心也。其或有不同者，在各行其法耳。

试即传耶稣教者而略论之。远来中国，惟英、美、德与瑞西等国人居多。各国教会甚夥，而选择传教者，皆端正读书人也。生徒授受，继衍薪传，必欲历遍天涯，俾斯世俱知天道之学，而始大快于心。非有王命迫之而行，亦无官示驱之而往，悉由各教会中，遵耶稣遗训，乘各国商人分布天下之际，不辞况瘁[1]，相与俱行。传教者膺教会中之选，亦必尽心竭力，仰副[2]耶稣之盛意，与世人同登道岸，而出迷津，以保永生之乐。故所来传教者，皆年富力强，约在二三十岁者，取其便于学习方言，宣传天道之学，以尽其当行之职。所以膺斯重任，不惜身躯，并其妻子同受航海风波而不顾也。惟是所到之处，必择地以造居室，起屋而为讲堂，且必于通衢大道，熙来攘往之区，宣扬真道，庶令世人得聆天道之学也。

而犹不止此。刻圣书以传世，有目者所共见，非邪说也；讲圣经以醒世，有耳者所共闻，非异言也。而且立义学以教子女，设医院以救沉疴，无一非正大光明之举，从无丝毫不可告人之隐。传教者如是存心，如是接物，何有不利于人者哉？推原其意，要不外爱人如己焉耳。此法行之西国如此，行之中国亦如此。而在西国则以为尽美尽善矣。乃中国好事小人，从中造谣而污辱之，创为风水

[1] 况瘁，意为憔悴。不辞况瘁，意为不辞辛苦。

[2] 仰副，意为仰祈或秉承。

之说而阻抑之，是诚何心耶？不知传教者，皆西国正人君子也。美国律例，凡出国传教者，必先于本国量其身体，详其品行，注其年貌，有无妻子，载明出疆执照之中，钤以国印，令其远适异国，方与和约相符。而和约中亦载明传教为当行之事。其所以如此者，欲其保护传教者，无灾无害也。非若先世祖宗，决计出国，因传教而为人所害可比矣。

何也？先世祖宗，出国传教之时，未有钦差，未立领事，无人保护，往往多不测之虞。而今非其时也。大而钦差，小而领事，申明传教之和约，验看传教之文凭。而犹有不安本分之徒，与循规蹈矩之教师为难。是直蔑视传教之和约，藐视传教之文凭，轻视本国君臣之命令，有是理乎？夫传教者劝人为善，原期进教之有人也。和约中载明，凡进教者，国家不得因其进教而轻薄之，如进教后而有作奸犯科者，教中有一定之罚，或国家治以应得之罪可耳。何可指进教者即有罪乎？即使教师有不守本分者，听凭查有实据，交附近领事查办，亦例所必有。非然者，是有玷教会，有辱传教之执照矣。以故传耶稣教者，遍历寰区，而无案可查也。即在中国多历年所，从无有犯案者。

美国驻中国钦差，常与总理衙门大臣往来文件中，亦无指耶稣教为非是者。原文存于本院，非无凭也。间或各省有毁坏教堂，詈骂教师，抢夺物件之案，皆华人滋事，而与教中无关也。前任美钦差镂斐迪[1]，行文照复总理衙

[1] 镂斐迪，Frederick Ferdinand Low，今译佛尔德雷克·费迪南·娄，中文又称镂斐迪或镂裴迪（1828—1894），生于美国缅因州，曾任职加州州长，1869—1874年担任美国驻华大使，退休后返回加州。

门之文中堂祥、沈尚书桂芬[1]来文云："各省有滋扰教堂者，俱与耶稣教无关。其有关耶稣教堂者，各教师具禀控告，本大臣从未请贵衙门逐案查办。因耶稣教本系清白，华人滋事，不明之过也。待其心地明白，自当相安于无事矣。虽然，莫谓教中无失察之处也。或教师年轻，无知人之识，专以爱人为心，转为进教者所愚。当其进教时，面似善而心实险，退出教堂，行为诡谲，累及教会者有之。或知其人未必真善，而姑容其进教，俟循循善诱，久当变为善良，乃久之而仍为不善者亦有之。凡此皆教师热心太过，而有此失也。传教者忧之，不畏教外人侮之，而最恐教中人败我教会也。又或有进教者所为不善，外教人知之，教中人亦知之，知之而告于牧师，何难照教会之例罚之？然人皆恐结怨于人，隐而不言，因而有累教会者多矣。迩来前车可鉴，苟人非纯正，不准进教，失察之过，可以免也。然无心之失，不独传教之牧师然也。即中外大臣，用人一有不当，亦不能免也。"

以上所论，特其大略耳。倘他日仍有滋闹教堂之事，为教师者，惟大度包容，忍人所不能忍，以践镂钦差之所言而已。但本国地方官，先宜开导，勿令滋事为要耳。

[1] 沈桂芬（1818—1880），字经笙，清代顺天宛平人，历任陕西巡抚、总理衙门大臣、军机大臣。

四、续论天道之学[1]

前论传耶稣教者之法，已得其大概矣。兹再将天主、希腊两教略言之。按天主教之来中国，意大利、法兰西、日斯巴尼亚、比利时等国人居多。其中有学问者居大半焉。其传教者，必先于西国温习圣经，讲求实学，经大书院[2]考定，选择而来中国也。揆其传教之意，与耶稣教无殊，为其皆根于基督教也。此性相近也。其有不同之处，则天主教中解释圣经之义，在耶稣教中视之，颇觉两歧。即其不同者论之。神父不娶而如僧，贞女不嫁而如尼，悬圣像于堂间，燃蜡烛于座上，加之诵圣经以拣丁之语，秘圣经如珍宝之藏。其繁文缛节，俨然与佛教相同。此习相远也。且天主教自古有教王[3]之称，非但揽教中之权，而于国政之权，亦大有关系。其教王在信其教者视之，以为无一非是也。所主天道之学，当信者也；所定当然之理，当行者也。天下莫不奉若神明，在所必从矣。其约束教中规条，有违而背之者，教王必怒，即逐其人于教外，斥以

[1] 本节底本出自林乐知《万国公报》之《中西关系略论·第十三续论神理之学》，见《万国公报》（第三册），第1805—1809页。
[2] 大书院，此处当指西方神学院。
[3] 教王，Pope，又称教皇，天主教教会最高领袖。

永不得救也。窥其意见，除去天道之学与当然之理，以及总管天下教会之权，其余经国皇管理者，亦无几矣。

夫天道之学与教会之权，教王主之宜也。而当然之理，则国皇之权，教王乌得而主之哉？乃教王以当然之理，亦在应管之中，谓国皇不当闻问。国皇以当然之理，宜归国政之内，与教王有何干涉？此即有干国政之谓也。是以与德国交涉之处，在教王所管者，皆于德国政事有关。首相毕士马[1]与教王因此不合也，欲教王退出政事之权，归国家管理，而专管其教中之事，非谓其所管之教事不合也。即英国前任首相格来司登[2]，亦著论辨之曰："以天道之学，当然之理，教会之事，悉归主天主教者独断独行，将使我英人之进天主教者，先有教王，而后有国皇乎？是耶否耶？不惟英德两国有不解之疑，即美国之信耶稣教者，亦不无所议。然美国之关系尚小也，英德两国俱处欧洲之中，而人信天主教者又甚多，倘信天主与信耶稣之国，一旦有构兵之祸，以主天主教者，居信耶稣教之国中，将听国王之令，而攻信天主之国耶？抑从教王之令，而攻信耶稣之国耶？如听教王之令，是使信耶稣国中之天主教人，而自攻其国，可乎哉？"以中国而论，与美国相同，无多关系也。然中国不过连类及之耳。天主教与中国关系之事，无庸过虑也。但以天主教而揽国政之权，在天主教之本国则可（自一千八百七十年，国政归意大利皇管

[1] 毕士马，Bismarck，今译俾斯麦，普鲁士首相，是近代德国统一的关键人物。

[2] 格来司登，William Ewart Gladstone，今译威廉·埃沃特·格莱斯顿（1809—1898），英国著名政治家，四次出任英国首相，曾反对发动鸦片战争，维护英国国教地位，推动自由贸易，推行文官制度改革，一度被誉为"人民的威廉"，后因爱尔兰自治等问题淡出政坛。

理）。传天主教于他国，而干预国政，则断乎不行矣。

试即基督圣教之例论之。无论耶稣、天主、希腊诸教，只能以天道而诛有罪者之心，不得以国法而刑有罪者之身。进天主教者，所为不善，自有国法管理，教法虽严，除将有罪者逐出教外，无他权焉。故凡奉基督之教者，虽名不相同，而皆不能预国家之政。若干预国政，即为非分之行也。闻天主教之在中国，似忘其为神父。而传教者居然欲为官而临民也，假官场之威仪，仿衙门之体统，有用印者、有公座者，审讯事件，几与地方官无稍异焉。此等非礼妄为，大失教会中选举之心，显背教中圣经之义，更乖国中和约之条。

教王之权，在欧洲或有关系，而派出传教之神父，则未闻有居官之职者。乃传闻中国之西，如四川、贵州两省，似此者恒多，是谁之咎耶？神父敢自为之，其咎固无可辞，而中国地方官，如能公明断事，何得任其有此胡行也？然则中国地方官，亦与有过欤。非惟进教者被人诬陷，而神父出而袒之，即教外人被官凌虐，挽神父怜而救之耳？不然，神父敢作敢为，地方官不闻不问，此其可怪者也。但所闻若是，未识其有焉否也？果尔，是远省之神父，闻有是事，而近省之神父则无之。此不更可怪乎？岂谓天主教之神父，有不满人意之处，而故为此论乎？耶稣教无此行为，何滋事者屡毁其教堂耶？

试历举之。山东即墨之闹教堂，美国牧师之教堂也；江苏扬州之闹教堂，英国牧师之教堂也；江西瑞昌之闹教堂，美国牧师之教堂也；浙省台湖两属之闹教堂，皆英国牧师之教堂也；福建延平之闹教堂，英美两国之教堂也；福建厦门左近有闹教堂者，英国牧师之教堂也；广东佛山有闹教堂者，英国牧师之教堂也。尤可异者，谓天主教种种非是，而华人闹天主教者，何为只天津一案乎？由此观之，殆皆失实之传闻欤！

若果有此事，将何以处之？兹即英国外部大臣克兰威[1]，行文与钦差威公，请其回复文中堂与沈尚书，译其原文云："细阅文、沈两大臣所谓教会诸多不合之处，实无一语指着耶稣教者。如我本国牧师，有非礼之行，自有钦差领事照例办理。可否请中国朝廷从长计议，将四川、贵州两省，开立通商码头，有领事驻扎其间，则相传神父所行之事，可以水落石出也。"又查美国钦差镂雯迪回答文、沈两大臣云："四川、贵州两省，传教之事，最远之省，非通商之地也。无领事在彼，何所稽查？在贵大臣以为实有之事乎？何妨将四川、贵州两省通商，立领事以镇之，不难查办矣。"据英美两国钦差大臣与外部大臣所云，未始不可行也。

而于本馆主，所见不同也。本馆主所望于中国者，在自强耳。若一省教会中有事，即请开通码头而立领事，两省教会中有事，又请开通码头而立领事，推之省省而皆若是，恐领事立不胜立矣。即使到处皆有领事，而岂有济乎？计惟有中国各处地方官，知耶稣与天主各教师来传教者，为天道之学与当然之理，照和约所定章程，保护教师，弹压民人，不必谓进教者即为罪人，有伤教会而违和约。于是教民有罪，照其所犯之罪，而科以罪名可耳。

---

[1] 克兰威，Granville George Leveson-Gower，今译格兰维尔·乔治·莱韦森-高尔（1815—1895），生于伦敦，中文又称克拉兰顿勋爵，于英国维多利亚时代多次担任英国外交部大臣。

若提及进教两字，即将各国传教者，全行抹煞，则教中之罪人，固有罪矣，而无罪者亦皆有罪。此不明不强不公之论，是使各国传教者群焉动怒，而心有不甘也。

其在明以断事，强以自立，公以待人之地方官，断不出此。譬之一人谋叛，即指其一族之人皆为叛逆，并指其一省之人皆叛逆也。将见叛逆之同族同省者，欲思报复而雪此恨，得谓之祸出无因乎？即不然，俾无知者闻此言，亦将叛逆之同族同省者，而加以叛逆之名，不又寻仇报恨，酿成大患乎？必也抉其根柢，不使累及无辜，则官明也、强也、公也，教会安矣，民亦安矣。幸勿敷衍故事，只顾目前，不转瞬间，而无知愚民依然与教会中为难。官斯土者，得诿为不知也耶？能如文中堂、沈尚书求一了百了之善法，使教中教外，永无相扰则得矣。

且夫传天主教者，所到之地，无国无之。英国信耶稣而信天主者多，美国信耶稣而信天主者亦多，德国信天主者十居三四，皆文教部发国帑养之也。英、美、德等国，不能禁人不信天主，并不禁人进一切之教，而惟干本国之法，则禁甚严矣。按天主教传教之法，外国皆如是也，即天下当亦如是，何奇之有？何异之有？况教中礼制，凡进教者，或婚嫁，或丧葬，俱有明文，刊登册内，本馆主亦习见也，无庸缕述。但观其立义学而教男女，设医院而治病人，造讲堂以宣圣道，皆彰明较著之事，各国皆然。行之中国，何独不然？

至若立育婴堂而抚遗孤也，尤为体上天好生之德，泰西各国，莫不敬之重之。何至中国而反滋疑窦，诬以挖眼剖心之惨事乎？此诚无稽之谈，骇人听闻，莫此为甚矣！统计泰西各国，与中原有和约者，十有三国，无一国无耶稣教，即无一国无天主教也。各西国无此不堪入耳之言，乃中国一人倡之，众人和之。是何为哉？且也耶稣、希腊两教，俱与天主教同宗基督，而耶稣与希腊则又从西罗马教分而为二者也。如果有挖眼剖心之事，各西国岂不知之？耶稣与希腊两教，又岂不知之，而不能言之？必于中国而待华人言之乎？即此可知其无是事也。华人以此不经之言，诬陷天主教人，安知异日不以此言诬陷耶稣教中乎？非但天主教中不服，即耶稣、希腊两教，与有和约之十三国之西人，亦不服也。推之与中国无和约之国闻之，更抱不平矣。

本馆主，耶稣教也，不必为天主教存袒护之私心，实欲为中国释无穷之疑虑。华人不知论天主教有干预国政之事，而惟此无中生有，信以为真，酿为祸端，而蹈反坐之罪，不大可悲哉？昔曾文正致书于崇侍郎，崇侍郎[1]于致美国领事书中，并曾文正之书，一并寄去。美领事译曾文正之信曰："予于西历一千八百七十年七月初十日，由保定至天津，查办华人惨杀天主教人一案。维时有数百华人，拦舆递禀，谓天主教拐人等事。予亲自细查，无一可凭之据。此诚不足平西人之气，而服西人之心也。无怪西人素重中国，因此而反轻中国矣。予不欲屈华人而直西人，从公办理可也。此事惟与公会衔具折请旨传谕各省督抚，速将此等匿名揭帖之事，澈[2]底根究。如有妄造谣言，滋生事端者，治以应得之罪云云。"又美国钦差镂斐迪致文中堂书曰："欲中外相安无事，先必有一劳永逸之法。令百姓晓然西人来中国通商，专

[1] 崇侍郎，指完颜·崇厚（1826—1893），字地山，满洲镶黄旗人，历任三口通商大臣、直隶总督、出使法国俄国大臣，因擅自与俄国签订不平等条约《里瓦几亚条约》，出卖国家领土，被弹劾去职。

[2] 原文如此，根据句意，当为"彻"。

为通商起见，欲中外人获益也。西人来中国传教，欲百姓知天道之学，行当然之理，专以爱人如己为心，无他意也。倘传教者有过分之举，知为某国传教人，即投某国钦差衙门控告可也。特不能因一人有过，任意株连他人耳。且我美国最重传教者。国家之兴旺，人才之崛起，实根于此。勿再使无知愚民，陵[1]虐西人，毁坏西人之物，以贻中国羞，而累朝廷多意外之事云云。”

又说者曰，昔年传天主教者之收门徒也，必择其善者而收之。今或多为罗致，而徐徐教诲，未可知也。但自康熙、雍正年间，天主教受害者多矣。神父被逐，教友云散。其子若孙，虽自知为天主教人，而究不知天主教中之理。及自传教者复来中国，再立天主教堂，招集各处教友，重新聚晤，皆当年教友之后裔也。有天主教之名，而不尽谙圣经之义，其中贤愚不等，或有行为非是者也。总而言之，传教者无论耶稣、天主，非奉国家之命而来，乃遵耶稣遗训而来，故国家不能禁其来也。是以传教者不望中国从优款待，惟望中国洞悉传教者与人为善之意。年盛一年，十八省各府州县，进教者多多益善，以毕传教者之愿斯已耳。中国当存君子之心，以待传教者，是为万幸。

以上所论，篇幅虽长，而仍系大略也。若夫希腊教，惟俄国最盛，亦惟俄国最尊。其教约于九百年前，由罗马行至俄国。俄皇深器重之，愈多请教士来俄国传授。而俄皇即为教主也，特立教部经理，另设大会议事，俄皇主之，或派一人代理其事。教中之规模礼仪，与天主教大同小异也。然教只行于本国，而他国尚未通行。今中国京

[1] 原文如此，根据句意，当为“凌”。

都立有教堂，俄人听讲圣书，华人亦与闻焉，故不必论其与中国关系之处矣。近来中国有简放钦差、领事驻扎外国之信，他日中国钦差、领事赴外国时，可细查各国待传教者何等恭敬，传教者在外国何等声名，且可访问各国传教者，与各国有何关系之处也。

五、论鸦片烟之害[1]

自鸦片烟之害中国也，有救世之心者，千言万语，舌敝唇焦，而言者谆谆，听者藐藐，亦末如之何也已矣。后之论者几于莫赘一词，又乌得而论之哉？然则本馆主果何所论耶？亦谓中西关系之所在耳。

夫天下引人入迷者，非止鸦片一物也。而华人第知鸦片迷人，不知迷人者，犹有物也。盖人性所好，不外动静两端。试略言之。鸦片之外，不有酒乎？但鸦片之性主乎静，静则收敛，而心同枯槁；酒之性主乎动，动则发扬，而心早昏沉。然动静之物，又非鸦片与酒已也。人孰不欲养其身哉？养身者，莫善于食之精而脍之细也[2]。既能养其身矣，而四肢或有不畅，百体或有不灵，则必思得一物焉，祛其抑郁而适其性情矣。夫祛抑郁而适性情者，惟在一动一静之间耳。而好动好静，又视乎人性之所近也。东人好静不好动，故所嗜者，以静为缘，而收敛尚焉。观其所重之教可知矣。佛教盛于东方，镇静无为，四大皆空，

[1] 本节底本出自林乐知《万国公报》之《中西关系略论·第十四论鸦片烟之害》，见《万国公报》（第三册），第1834—1836页。

[2] “食之精而脍之细”，当出自孔夫子典故“食不厌精，脍不厌细”，见《论语·乡党》。

加以鸦片收敛其心，是静而又静。凡事狃于成见，终其身不改旧章，亦终其身而居人下。其关系岂曰小哉？西人好动不好静，故所嗜者，以动为主，而发扬尚焉。观其所行之教可知矣，耶稣教盛于西国，恻隐心动，四海一家，加以酒发扬其性，是动而又动，凡事最肯争先，阅一时而更新法，遂阅一时而出人头地。其胜人岂不大哉？

是以东人性近于静，迷于鸦片者恒多，而静中之物，鸦片之累为最深。西人性近于动，迷于酒者恒多，而动中之物，酒之累为最重。惟是鸦片之累固重矣，而次于鸦片之累者，有蔴汁[1]与槟榔等物也。吸鸦片者约四百兆人，食蔴汁者约二三百兆人，嗜槟榔者约一百兆人，皆出自东方人也。酒之累固重矣，而有各种酒之累者，欧洲各国与南北亚美利坚，约四百兆人也。其近于静中之物，则黄烟是也。统中西人而嗜黄烟者，约八百兆人矣。以上各物，论种者、造者、卖者、买者，较之麦、米、珍馐、茶、丝、木棉等物，工本惟均，而通商价值，亦相若也。

倘将业此者而全禁之，不几百人中而有二三十人失业乎？本馆主非不知累人之物，而思有以禁之也。惟人各有所好，不好此必好彼，就所好者而浅尝之，夫亦何至害人哉？不知瘾以渐染而渐深，始以为祛抑郁而适性情，继而将溺于其中而莫能返，其奈之何？即如黄烟一物，自科能布[2]新得南北亚美利坚之地，而已有此物矣。有人携回本国，仿其法制而吸之。英先皇初亦禁止而不行也。传

[1] 蔴汁，似指从大麻提取的汁液，属于麻醉品。

[2] 科能布，Christopher Columbus，今译克里斯托弗·哥伦布（1451—1506），意大利人，大航海时代的重要代表，是发现美洲新大陆的关键人物。

至罗马，教王禁之。传至土耳机与波斯、俄罗斯等国，其初无不立禁綦严，乃禁愈严，而贪者愈众，几于徧[1]国中皆然也。约计种黄烟之地，有二十八兆亩之广，所出黄烟之数，有四千四百八十兆磅之多。区区黄烟，无之不至害人，尚且不能禁止，况不吸鸦片而有性命之关，而谓能禁之乎？

再如酒之一物，英国未尝立法禁之，见饮酒者过多，嗣欲保全贫民，而不饮酒，加重酒税，则酒价高昂，饮者必少。岂知酒价虽高，而饮者仍旧。查英国每年国用七十兆至七十五兆磅之谱，出于酒税者三十二兆磅。其饮酒者之多可知也。美国，合众国也，亦尝禁酒矣，或分禁，或公戒，而势皆不行。即或街坊不敢明卖，而私地卖之，则有私地饮之者也。美国以为不能禁酒，而反害人心术。不但此也，好酒价昂，贫者不能饮，必有掺以性烈之物而减其价，以充好酒。饮者之乱性，更胜于真酒之为害也。是饮酒不过伤人之身，而私饮私卖，以假乱真，是启人作贼作伪之心。与其禁之无益而有损，不若听其饮酒，而无贼心伪心之为善也。当国家严禁，教会劝禁之时，而酿酒之家，统计清单，约七百兆洋之本，可见禁如不禁矣。况美国每年国用，取诸酒税者，竟居其半乎。酒之不易禁也如是[2]。

---

[1] 原版如此，同“遍”。

[2] 19世纪以来，美国酗酒问题严重，引发了诸多社会问题。酗酒危害引起了时人的关注，促使禁酒运动的出现。教会是禁酒运动的重要推动力。1826年，在教会的推动下，美国成立全美禁酒联盟。1846年缅因州首度确立禁酒法，后被其他州效仿。禁酒运动和法令，对遏制酗酒问题起到过一定的效果，但是作用有限，仍有不少违法造酒卖酒之举。参见郭九林著：《美国市民与禁酒》，厦门：厦门大学出版社2012年版。

而鸦片之禁也，尤难。虽有仁人君子，存恻隐之心，倡禁烟之说，恐亦如英美两国禁酒，徒费苦心耳。然必欲禁之，亦止有两法。或禁种烟者，无烟可卖，吸者自鲜。而种鸦片者远在印度，吸烟者近在中原。禁印度不种鸦片，中国能乎否乎？不得已而禁买者可也。烟无售主，种者当少。此事又谈何容易耶？查印度种烟之地，一半属英国官烟，一半为印度已分之烟。官烟者，有关印度烟课，谁得而禁之哉？其印度已分之烟，交纳关税，由英界出口而来东方。有买者，自有卖者，又何怪其然耶？有教会中人与热心者，悯华人溺于鸦片而受害也，拟请英国设法禁止，且具禀于公议堂之议事大臣，请其转奏英朝。而议事大臣，公同计议，觉禁烟之难于禁酒。西人嗜酒，未能妥筹善法而禁绝之，何能为华人禁鸦片乎？能禁鸦片不害华人，早当禁酒不害西人矣，因而罢议。于是教会中人又请英朝撤销官烟一项，听印度自行种烟，与米麦同征关税，而事又中止。

然则严禁华人不买乎？而鸦片已载登和约，进口纳税，已为彰明较著之货，不能禁其不来，何可禁人不买耶？既不能禁印度不种，又不能禁华人不买，而禁者之法穷矣。或者听华人自种可乎？近来云、贵、川、广、闽、浙、山、陕等省，以及满洲、蒙古一带，种鸦片者纷纷矣。而中国又欲禁之，岂欲保全西人生意，而勒令华人以有用之银，买西人之鸦片乎？国势之贫，伊于胡底，是诚不可解也。况不准其明种，将必有私种者，差役之勒索，市侩之作弊，其为害更不可胜言也。夫买西人之鸦片，与华人自种之鸦片，二者皆非也。然求一权宜之法，于二者之中，孰为彼善于此？择其稍善者行之，未为不可。查一千八百七十年鸦片清单，由印度入中国之土，值洋六千二百九十八万八千六百二十四元。是年出口之茶值洋四千零三十七万六千八百四十九元，出口之丝值洋三千二百零二万一千九百十六元。茶丝两宗，统计洋银七千二百三十九万八千七百六十五元。以茶丝两宗所得之洋，除却买洋烟之费，仅余洋银九百四十一万零九百四十一元而已。以此余洋，而买各国商人有用之物，亦无几矣。无怪西人谓中国穷也。

其实中国何尝穷哉？穷于鸦片一大漏卮耳！由此观之，何如听华人自行种植，国家从重征其关税乎？譬如印度进口鸦片，每箱值银四百五十两，华人自种之鸦片，值银不过二百两，即以二百五十两为国家之税可耳。其银既不为印度所有，其民又无私种之罪，差役无从勒索，市侩不得作弊。此事明知为不善之举，而于诸多不善之中，仅留此吸鸦片之不善人矣。中国若禁民人自种，仍令买印度之烟土，断无致富之日也。

泰西各国与中国立有和约者，十有三国，得鸦片之大利者，英国所属之印度一国耳，而于美、法、德、俄、奥与比利时、意大利、瑞威顿、日斯巴尼亚及丹、荷、比路[1]等国，皆无益而有碍也。故有和约之各西国，亦深恨鸦片之害中国，即英国亦为印度所累也。中国若不以此巨款而买印度之鸦片，则各西国运来贵重之物，华人有力置办。价固高昂，而能经用，又何至贪图贱价而买贱货乎？此鸦片有碍生意之明征矣。如准民间自种自吸，银洋不出口，而华人自富。西商高货来华，用者可以历久，即各

---

［1］比路，似指Peru，今译秘鲁。

西商亦可沾大利也。不然，国帑缺，民生困矣。且华人只知鸦片来自外国，而不查明由何国而来。故恨鸦片者，遂迁怒于外国人也，迁怒于外国之传教人也。抑知传教者，凡见有吸食鸦片之人，断不容其进教，岂复与闻鸦片之事乎？而华人之小见者，每谓外国人以鸦片害中国之人，使吸此者身体柔弱，不堪与外国人争雄，乘此而谋中国土地不难也，故不分清浊，混而名之曰外国人，即混而指之曰，此卖鸦片之外国人也。外国人闻之，不甘于心，此即有关系之处矣。

总而言之，人心所好，不过一动一静而已。世有可嗜之物，必无能禁之权。中国能将鸦片而禁绝之，是为最善之事，本馆主引领望之。不然，请于不善之中，立一善处之方，使鸦片不至全禁，而又以不禁禁之。本馆主更幸甚焉。

六、总结前论[1]

论实为西人远来中国，而特述其来意也。来意云何？首贵通商，次重传教而已。顾通商自然之势也，关系何有哉？己所不欲，勿施于人，此以己心而度人心是也。传教天道之学也，关系何有哉？有善于己，当与人同，此以爱己而为爱人是也。然莫谓全无关系也。其关系之所由生，生于国之不富不强，与人心不明耳。既知关系之所在，何可不设法以杜其渐，而为万全之局哉？夫此万全之局，莫先于强。强而后富，而生财之道，在其中矣。第生财之道，非一人所能私，亦非一国所独擅也。彼有所求，此有所与，有无相通，而联络之势矣。所谓联络者，彼有所来，此无所往，名虽联络，岂得谓之联络乎？此简放钦差，领事驻扎外洋，设立储才馆成就时贤之议，所由起也。论及此，而知今昔之势悬殊矣。

昔也中国不知有西人，交界之事可置若无闻。今也西人散布于中原，交涉之端万不能免。以万不可免者，而强欲免之，吾知其难矣。华人能造万里长城于旱地，不能造万里长城于海上。当此之时，非惟海上不能造万里长城，

[1] 本节底本出自林乐知《万国公报》之《中西关系略论·第十五总结前论》，见《万国公报》（第三册），第1861—1863页。

即旱地亦今非昔比，可任华人造万里长城以自固也。推西人通商之心，有不可遏之势，即有不可止之境，愈来愈众，愈逼愈近，谓无关系可也，谓有关系亦可。盖有无关系，究不在西人，而在中国。何也？西人勇于奋兴，华人安于旧习，一强一弱两相形，而胜负不自此分乎？

本馆主从旁观之，华人好静不好动。前次论鸦片之害，已为华人揭其隐衷矣。其尤甚者，中国之各自为谋也。彼疆此界，畛域之见太明。小而一家一族，大而一郡一省，各顾己之平安，不念他人之危困。在当年行之，已非所宜，施之当今，更非胜算。当年中国富强，边省弱小，任我所欲为，或者其可乎？而究之不能也。

合则势众，而外患不侵；分则势离，而内忧易起。唇亡齿寒，可弗知耶？然联络非粉饰已也。徒事粉饰，而中不足，何益之有？即如欲自强其国者，徒养多兵，广购兵船枪炮，自谓可以示威，而实与驴服狮皮，终为群兽觑破，而丧其身者无异也。不观土耳机乎？英法两国多方保护，不惜多金，借与土国，望其为自强之国。而土耳机之铁甲有矣，兵士足矣，枪炮多矣。问其所自来，皆购自他国，徒饰外观，而于开挖五金与煤矿之法，仍未之前闻，无怪其中空虚，绝无生财之道，至今危在旦夕，几于莫保，不大可忧耶？

夫土耳机勿问矣。中国之富，如五金与煤，藏之于地。西人代为查出，中国岂不知之？西人无日不望中国自行取出，以富强其国，乃中国坐视不理，以有用之财，置之无用之地。中国不自取，复不准他人代为取之。他人欲沾其利，而取资于中国者，垂涎已久。此何异慢藏诲盗耶？

以上各端，无一非紧要之件，实为中国切近之图，举一废十不可也，求此失彼尤不可也。中国即全数举行，尚恐不足以补前失，而况置之不论不议乎？惟是欲仿其法而行之，必自格致始。格致者，去其荒渺无稽之说，而求真凭实据之行，非天道之学不为功也。格致之功与天道之学非并行不悖，相辅而成者哉？以华人之祀偶像也，格致家洞悉其诬，如雷也而以电气明之，月食也而以地影之遮蔽晓之。华人能明此理，一旦豁然贯通，知畏雷神之诞也，知救日救月之惑也。

诸如此类，革故鼎新，一洗旧染之习，于斯时也，而无当循之矩矱，以为不易之津梁。将见华人肆行无忌，有流于作恶而毫无戒惧者，是奚可乎？此非独无益于中国，而反于中国有害矣。于是导以天道之学，一其心志，无有行欺，去其浮夸，无敢作伪。向之仅顾生前，而不知身后者，可恍然于天道之学，统生前身后而无遗者也。何谓身后？身后者，即作善降祥，作不善降殃之理也，而耶稣救人能得永生之福者，非即此意也耶？果能此道矣，天地人三才之义，一以贯之也。何患国无强富之机，人昧诛心之法乎？盖以格致而祛浮伪，以天道而葆天真，可知二者相因，缺一不能也。

本馆主传教情深，不远重洋而来中国，将以中国为家，而与华友共处矣。有利人之意，无利己之心。蒙历任苏松道宪，聘余教习华生，兼译西国最有用之书，以利中国。九年于兹，本馆设立新报[1]，已历八年之久，皆本与人为善之心也。各省阅报者，皆函致本馆，谓公报立论，

[1] 1868年林乐知在上海创立《教会新报》。此处“新报”即指《教会新报》，后变名为《万国公报》，影响甚大。

不偏不倚，可为新报之法。且总理衙门大臣，亦称公报为华字中第一报也。予非敢自矜，聊自表其微忱云尔。即兹之中西关系略论，亦就余之所及见者，为中国直陈之，并无袒护西人，而妄贬中国之处，想当见谅于阅报之诸君子也。

卷三

一、论回教本末[1]

本馆历次所论中西关系，皆从源头上说起，如论天主、耶稣、希腊各教，必叙明由基督教中出焉。兹之论回教者，缘喀什噶尔[2]与中国大有关系，而该处回教居多。欲论喀什噶尔，先当论回教所由来也。论中所录，俱从回教书中译出。五年前，与去年曾刊两次，今因论喀什噶尔而复登之。欲阅者先阅回教本末，嗣阅喀什噶尔之事，与论中所印之图，便知原原本本，而与中国关系之处，亦瞭如指掌矣。

回教之始祖曰谟罕蓦德[3]，生于耶稣降生后，五百六十有九年，其地曰墨克[4]，乃阿拉皮国[5]之都城也，系出于哥

[1] 本节底本出自林乐知《万国公报》之《中西关系略论·第十六论回教本末》，见《万国公报》（第三册），第1887—1891页。

[2] 喀什噶尔，新疆南部重要城镇，历史悠久，主要信奉伊斯兰教。清中叶，清政府在喀什噶尔设参赞大臣进行管理后，发展迅速。今喀什噶尔古城，是新疆重要旅游地。

[3] 谟罕蓦德，Muhammad，今译穆罕默德，伊斯兰教的创教人，被穆斯林奉为先知或穆圣。

[4] 墨克，Mekka，今译麦加，今位于沙特阿拉伯，被穆斯林奉为“圣城”。不过书中对“麦加”的音译并不统一，在后文又被译成“麦加”“麦克”。

[5] 阿拉皮国，Arab，今译阿拉伯。

累斯[1]，乃贵族也。其父母贫而族戚多富贵，据彼教记述，语多诞妄不经，不足深信[2]。姑就其所述而述之。

彼教之书云，生时多奇事，西里亚国[3]大光见，少怀河[4]中流水涸，乃即于河底建城焉；又云生时地震，而波斯国王宫之高楼，十有四皆倾；又云波斯所敬常明之火忽熄焉；又云居于月星中之恶宿，时皆逐去，自此恶宿不能托灵于神佛惑人，使信拜；又云谟罕蓦德为儿时，即知伏地拜造化主，自言此神为大，此神外无神，吾为神之先知。此皆言其初生时之奇事也，此外尚多奇事。

彼教中人云，谟罕蓦德二岁父亡，四岁母亡，其祖曰马泰勒[5]，怜其孤儿而抚养焉。八岁祖又亡，将亡时马泰勒命长子阿蒲搭勒[6]至，其遗嘱曰："爱子来耶，今将尔弟之子谟罕蓦德为尔嗣，子当爱过于诸子，尔抚之爱之，当如吾爱以爱之，保护逾于己子；能如是乎，则受福倍蓰，尔于己子中使先之，以其善胜尔子，更胜天下之人也；倘谟罕蓦德有问，勿童视，当如对耆宿而肃恭对之，食则先食，坐

[1] 哥累斯，Quraysh，今译古莱氏部落，阿拉伯北部氏族，公元7世纪主导麦加，为当地贵族。古莱氏部落内分多族，其中主要掌权者为玛克苏姆族和倭马亚族。而伊斯兰教先知穆罕默德出自哈希姆族，非强族，故早年多坎坷。见王怀德、郭宝华著：《伊斯兰教史》，银川：宁夏人民出版社1992年版，第21页。

[2] 林乐知作为新教传教士，对其他宗教乃至同属基督教的天主教都不乏偏见，对伊斯兰教也不例外，请读者明辨。

[3] 西里亚国，Syria，今译叙利亚。

[4] 少怀河，似指萨维河，曾为伊朗古河，参见谢赫：《穆罕默德——真主最后的使者》，http://blog.sina.com.cn/s/blog_5292c33101009i2u.html.

[5] 马泰勒，Abdal Muttalib，今译阿普杜勒·穆塔里布，为穆罕默德祖父。穆罕默德父亲名阿卜杜拉，母亲名阿米娜，均在默罕穆德幼年时去世。林乐知所述其父母去世时间有误，与《古兰经》等文献及研究有别。穆罕默德出生前丧父，六岁无母，童年颇为不幸。

[6] 阿蒲搭勒，今译艾布·塔力卜，为穆罕默德的伯父。

则先坐，尔若遵遗命，则尔兴勿败，而富厚长焉。”

阿蒲搭勒受命，携此小先知，抚于家，命习贾。谟罕蓦德十二三岁时，阿蒲搭勒为通商事，往西利亚国，谟罕蓦德随行，抵波斯拉城[1]，入古教会寺，遇一景教[2]师，姓爬海拉，名非利斯[3]，待之厚，识为神之使徒，又有一教师，名寿其祐[4]，与非利斯商榷，创立新教，其造经书。非利斯言，谟罕蓦德初至，首上有光护其首，使不受日光；又言谟罕蓦德与坐时，树无叶，即生叶；又言吾自后曳其衣，欲接其吻，见衣内背上有命为先知印。又一日，非利斯语阿蒲搭勒云：“尔携儿去，道上须小心，勿为犹太人所执。缘此儿后为奇人，而且神命为大事。”阿蒲搭勒遂携归墨克，以诸事告哥累斯之族。迨谟罕蓦德约二十岁时，值哥累斯族与奇南族[5]、哈怀生族[6]构兵。阿蒲搭勒为将，谟罕蓦德从军，其构兵之故未详，惟知其坚战[7]。阿拉皮国例有四月息兵藏械，而三族之战也，即战于此当息兵之月，哥累斯族战胜，其胜也，以阿蒲搭勒为将，谟罕蓦德从军，故人益敬礼谟罕蓦德。自后，谟罕蓦德依于

[1] 波斯拉城，Bosra，今译布斯拉。

[2] 景教，指基督教，唐宋时期的称呼。

[3] 爬海拉·非利斯，Bahira，今称贝希拉·塞尔基斯，据称是基督教传教士，参见金宜久主编：《伊斯兰教史》，南京：江苏人民出版社2006年版，第41页。

[4] 寿其祐，当指萨拉姆，犹太教人，强力支持穆罕默德和《古兰经》，据穆斯林称后改信穆罕默德。参见法土拉·葛兰著，彭广恺、马显光译：《先知穆罕默德的生命面貌》，北京：宗教文化出版社2006年版，第25—26页。

[5] 奇南族，Kinanah，今译克那纳族，曾与古莱氏族结盟。参见法土拉·葛兰著，彭广恺、马显光译：《先知穆罕默德的生命面貌》，北京：宗教文化出版社2006年版，第17页。

[6] 哈怀生族，Hawazin，今译哈瓦赞族。

[7] 此战乃是穆罕默德成年后参与的首次战争，史称“冒渎之战”。

其伯阿蒲搭勒。至二十五岁时，麦加有一富人卒，其妇寡，名加地亚[1]，欲延一人司商事。谟罕蓦德辞伯赴之，为司商事，数年经商于大麻色[2]诸地。以经商公正，人皆敬礼之，而寡妇加地亚，亦敬而爱之。加地亚长于谟罕蓦德十二岁，遂嫁焉，而谟罕蓦德遂骤大富。

谟罕蓦德既富，不知为富，抑为别故，遂自尊自负为奇人，谓天命教化斯世，欲创立新教。其教欲集本国教、犹太教及崇奉基督各教之善者，合而为一教。初谟罕蓦德之经商也，在埃及、犹太、西利亚诸国地，深知各教之宗旨教规，故欲立教甚易，而创教极慎。迨三十八岁谢世事，诣山洞，其洞名希腊[3]，近墨克地，日往洞守斋不食，诵经默思，至立法既成，以天所示告其妻。妻以为幻梦，以为入魔。谟罕蓦德必欲妻信，以一言告妻曰："此一言于诸言中，乃天使加伯赖[4]语余者，天使语余之夕，是为阿加头[5]之夕，以今译释之，即谓得天命之夕也，故后回教极重此夕。"彼教人云，此夕之所以重也，因回教经书，名曰《咕嘞经》[6]，降于此夕，自天降下，自第一重天，降至第七重天，降授天使加伯赖，天使以《咕嘞经》于谟

[1] 加地亚，Khadijah，今称赫蒂彻，富孀，穆罕默德的首任妻子。

[2] 大麻色，Damascus，今译大马士革。

[3] 希腊，Seir，今译希拉山洞，穆罕默德悟道的重要场所。穆罕默德退到僻静山洞参悟，有其社会根源。据费希尔研究，中东政商人士遇到烦忧时，有退到僻静地点静思的习惯。参见费希尔著，姚梓良译：《中东史》，北京：商务印书馆1979年版，第38页。

[4] 加伯赖，Jibril，今译吉卜利里，一说称哲布来依勒，伊斯兰教典籍中的天使。此在基督教中被称为"加百列"或"迦百利"。

[5] 阿加头，具体指《古兰经》第46章《沙丘（艾哈戛弗）》，参见马坚译：《古兰经》，北京：中国社会科学出版社2006年版，第46章。

[6] 咕嘞经，The Koran，今译古兰经，伊斯兰教教经。

罕蓦德遇事急事昧时，以《咕嘞经》一事一章分授之。

《咕嘞经》中有一章，专言此夕事，此章之题曰：“阿加头。”此章言赖神命，此经真自天降，何以明此夕之荣，此夕比千月更佳，缘此夕诸天使降，天使加伯赖亦降，神命天使之降也，传其定诸事之旨。据谟罕蓦德言，是夕，天使显其荣耀之形，并告以天命所为之事。谟罕蓦德又言：“天使加伯赖之身，放大光明，其光射目，我不敢仰视，晕绝于地。”迨天使加伯赖化为人状，然后可近，天使大声曰：“谟罕蓦德呵，尔为神之使徒，我即天使加伯赖也。”加伯赖执天旨以示谟罕蓦德，曰：“读。”谟罕蓦德曰：“不能读。”加伯赖又曰：“读，读恃尔主，即造物主，即造人主，亦即知笔用之主，能使人知未知之事。”于是，谟罕蓦德至此时据云：“向则愚，今则明，即能读天旨，而悟彻焉。”加伯赖传天命毕，升天而去。谟罕蓦德归，以此夕奇事告妻，妻亦释疑而深信焉，且喜甚，曰：“吾望夫将来真为吾国之先知。”妻又以此奇事告其表兄花拉加[1]，花拉加即坚信，更坚信谟罕蓦德必为先知，且曰：“谟罕蓦德真摩西预言之大先知也。”夫彼教于此引摩西以证者，摩西事见于圣经之旧约书，彼教《咕嘞经》，劝人崇信彼教，意多本于旧约，脱化而出，援引圣经之摩西以证，冀人易于崇信也。

谟罕蓦德既使妻信，急欲人信，于是信者有四人焉，一为其妻，一为其仆，一为其兄，一为富人。盖妻先信，

[1] 花拉加，Waraqa，今译瓦拉格，赫蒂彻的表兄。参见参见法土拉·葛兰著，彭广恺、马显光译：《先知穆罕默德的生命面貌》，北京：宗教文化出版社2006年版，第25页。

次仆信。仆名徐而本海勒[1]，以其信，免为仆。又次其兄信，兄名阿里[2]，即其伯阿蒲搭勒之子，乃谟罕蓦德之嫡堂兄也。阿里自谓信居首，又次富人信，其人名阿蒲比格[3]，乃墨克之富而有权者。其人又转劝墨克富贵人信，于是富贵人信者，又有五人焉。此五人[4]后为谟罕蓦德之将军，助其立教，且助其立国。盖谟罕蓦德历四年，而得此信者九人，其时年已四十有四矣。观时已至，当可立教，乃命兄阿里，备大筵，请马泰勒之子孙饮。既会族聚饮，谟罕蓦德曰："阿拉皮国之人，无人能如我赐尔福，我将以今世之福、后世之福赐尔，神命我导尔就神，命众中孰助我为兄弟，我没后，代我嗣位。"众闻异之，皆默不应。惟阿里热心曰："余为尔兄弟助尔。"又曰："神之先知也，我愿助尔，如有敢阻尔者，我愿折齿抉目，剖腹刖足以助尔。"谟罕蓦德抱阿里曰："此真我兄弟，是助我者，是嗣我者。"命众遵其言。

众皆失笑，谓阿蒲搭勒曰："如是，则父将服从于子矣。"众愈言愈不服，皆散。谟罕蓦德失望，然筵宴虽与族人相左，而谟罕蓦德心未已，后出与民谈道。民环听，

[1] 本海勒，Zayd ben al-Harithah，今称宰德·本·哈里斯，原为穆罕默德的奴仆，俗称宰德，后被穆罕默德解除奴籍，并收为义子，是早期伊斯兰重要军事将领。

[2] 阿里，今称阿里·本·阿比·塔利卜。

[3] 阿蒲比格，今称艾布·伯克尔或阿布·伯克尔，当地有权势声望的富商，是穆罕默德早期最重要的信徒之一，在穆罕默德去世后，成为伊斯兰教史上首任哈里发。参见昂里·马赛著，王怀德、周祯祥译：《伊斯兰教简史》，北京：商务印书馆1978年版，第24页。

[4] 此五人具体指赛尔德·本·艾比·瓦嘎斯，脱勒哈·本·阿布杜拉，祖白尔·本·奥瓦木，阿布杜·拉赫曼·本·奥弗，奥斯曼·本·阿凡。参见金宜久主编：《伊斯兰教史》，南京：江苏人民出版社2006年版，第42页。

谟罕蓦德渐言墨克民性愎拜佛[1]，不但今民皆然，其祖已然。于是民[2]皆怒，多与为敌，倘其伯阿蒲搭勒不保护之，难免为民所害矣。以此，哥累斯族长劝其伯弃此侄，勿遽信，乃劝之不从。继又族众谓其伯曰：“如不弃，则与尔绝。”伯闻言，勉劝谟罕蓦德曰：“勿如是行，恐将危我。”谟罕蓦德不从，亦不惧，答曰：“如尔以日置右、以月置左而阻我，我亦不止。”伯见其志坚，遂谓之曰：“许于众敌中助尔。”

自此，族众虽欲弃，而伯常护之助之焉。迨至谟罕蓦德立教之八年，众信者愈加多矣，墨克城中之官长出令，禁人与谟罕蓦德合。在谟罕蓦德有伯护助时，尚无害，后二年伯卒，官长之有权者，有仇敌，遂又出令阻之。无几时，又于麦加严禁止之，谟罕蓦德失望，乃他往。后忆其叔阿排司[3]，居于太一府[4]，在墨克之东一百八十里，乃往依之，冀护助而行教焉。乃居匝月，无一人信者，复归麦克[5]，待时而动[6]。是时，其妻加地亚已死，谟罕蓦德与加地亚为夫妇凡二十二年。斯时又娶二妻，一名阿伊虾[7]，

[1] 佛，今称佛教。但此处林乐知用“佛”字，当存谬误。当时佛教在阿拉伯地区几无影响，反而是阿拉伯本地的多神信仰和偶像崇拜，影响较大。林乐知用“佛”字，似借指多神偶像崇拜。

[2] 民，实则指麦加反伊斯兰教的权贵势力。

[3] 阿排司，似指阿布·叶利勒兄弟，乃塔伊夫“联盟集团”的首领。参见《伊斯兰教史》，南京：江苏人民出版社2006年版，第47页。

[4] 太一府，Taif，今称塔伊夫，离伊斯兰圣城麦加88公里，是穆罕默德早期传教的重要地区。

[5] 麦克，按其史事即指麦加，可能是排版错误。

[6] 此指穆罕默德塔伊夫传教事件。

[7] 阿伊虾，Aishah，今称阿伊莎，乃伯克尔的幼女，与穆罕默德于620年订婚。凭此重要姻亲关系，阿布·伯克尔成为穆罕默德去世后的第一任哈里发。

乃阿蒲比格之女；一名鲁大[1]，乃撒马[2]之女。旋又娶一妻，名哈抚沙[3]，乃阿马[4]之女，此妻之父信教而有权，谟罕蓦德娶之，而与有荣，教因之兴盛焉。

谟罕蓦德行教之十二年，自言一夕做麦斯拉[5]，至耶路撒冷而升天。此事载于彼教《咕嘞经》之第十七章。何以如是言之，缘民谓谟罕蓦德果为神使，则必有奇事，谟罕蓦德遂臆造是言，俾众皆信。据《咕嘞经》详言此事云：谟罕蓦德夕寝于床，与最爱之妻阿伊虾同寝。忽闻叩门声，起而启门，突见天使加伯赖至。其状奇绝，两腋生翼，百有四十，白于雪，莹于晶，侧有奇兽立，此兽名阿伯拉[6]。据彼教人云，此兽先知常乘之。谟罕蓦德尝言此兽，白如乳，性介驴骡之间，其高亦在驴骡之间，行疾如电焉。方谟罕蓦德之启门而见天使也，天使趋而前，抱谟罕蓦德述神旨，问安否，又言："我为天使，神命我导尔上天见神，俾尔上天见诸奥妙事，宜秘毋泄。"请谟罕蓦德乘阿伯拉兽，缘此兽六百余年无乘者，性桀骜不驯。谟罕蓦德不能上而乘，乃许兽与兽以天上之安乐园，兽乃驯，得以乘。既乘而坐稳，天使为执辔，兽遂驰，自墨克至耶路撒冷数千里，一瞬而至。

既至耶路撒冷，凡古圣、古先知皆显形于圣殿前，迎

[1] 鲁大，当指Sawdah bint Zam' ah，今称萨黛·宾图·宰姆阿，与穆罕默德于620年结婚，为其第二任妻子。

[2] 撒马，似指Zam' ah，今称撒马，穆罕默德第二任妻子萨黛之父。

[3] 哈抚莎，Hafsah，今译哈芙赛。

[4] 阿马，Umar ibnal-Khattab，今译欧麦尔·伊本·哈塔卜。

[5] 麦斯拉，似指《古兰经》中的"夜行"，又称"伊斯拉"。

[6] 阿伯拉，Buraq，今译布拉克，伊斯兰教典中的天使和穆罕默德的神兽坐骑。

迓问安，偕进大殿，请谟罕蓦德代祷，祷毕，皆退。谟罕蓦德偕天使出殿，见升天之梯。此梯乃光结成，谟罕蓦德偕天使同登天梯，而上于天，系奇兽于巨石。谟罕蓦德上此一重天，天使叩天门，应门者问何人。天使告以谟罕蓦德至，门即启。此重天以银为宫阙，见星下垂，以金索系之，星大如山，与墨克之挪化山[1]，其大相等。进天门，遇老人，意即是亚当[2]也，见诸天使甚众焉，于是再上一重天。上下两重天之间，相距甚远，不可以里计，而可以时计，为时必历五百年而后可至，凡各重天之相距皆然。既又上此重天，于天门前遇挪亚[3]。挪亚喜而迓，亦请谟罕蓦德代祷。此重天以金为宫阙，而天使倍多，凡各重天之天使，以上重较下重，皆倍多焉。于是谟罕蓦德再上一重天，见以宝石为宫阙，进遇亚伯拉罕[4]，亦请代祷。再上一重天，见以祖母绿之宝石为宫阙，进遇雅各[5]之子约瑟[6]。再上一重天，见以金刚钻为宫阙，进遇摩西[7]。再上一重天，见以夜明珠为宫阙，进遇施洗礼之约翰。再上一重天，皆神光，于光中遇耶稣。凡前各重天，皆诸人请谟罕蓦德代祷，至此重天，则谟罕蓦德请耶稣代祷。自各重天至此，皆天使导引，自此重天而再上，则自到神前，天使不能导引矣。

再上则愈难至焉，忽闻空中有声曰："谟罕蓦德呵，

[1] 挪化山，An-nur Mountain，今称努尔山，伊斯兰教的圣迹之一。

[2] 亚当，Adam，今译亚当，基督教中的人类始祖。

[3] 挪亚，Noah，今译诺亚。

[4] 亚伯拉罕，Abraham，古代先知，在犹太教和基督教中称亚伯拉罕，在伊斯兰教中称易卜拉欣。

[5] 雅各，Jacob，今译雅各，圣经中的要人。

[6] 约瑟，Joseph，今译约瑟，圣经中的要人。

[7] 摩西，Moses，今译摩西，圣经中的要人，创有《摩西十诫》。

敬尔造化主。”谟罕蓦德再上，则光如大海，其光射目，不能注视。据谟罕蓦德云，无所不能之主位，即在光中，其位之右有神旨己旨，皆用阿拉皮国字所书。其言曰：喇唵喇唵喇喇，谟罕蓦德列副列唵喇。译此即云：此神之外无神，谟罕蓦德为其先知也。自古至今，回教信经中，以此为至要之语。据谟罕蓦德云：斯时也，神以诸奥妙事，显示使知神，又以律法显示使知命，驯世使世皆知命，谟罕蓦德尊贵冠世，居万人之上。神命毕，谟罕蓦德遂退而下。复见天使，天使仍导下诸天，仍至系奇兽处，乘奇兽，别天使，瞬仍归墨克。综计此事，自始至终，时仅片刻。

二、续论回教本末[1]

明晨，谟罕蓦德以此告人，闻者皆不信，谟罕蓦德所欲成之事于此恐复败焉。夫谟罕蓦德言此事虽过奇可笑，然别有意存也，意以前传《咕嘞经》于世，则已仅为神使，仅以天使所授书传世。今则闻诸其友阿达拉云，犹太国人崇奉圣经摩西律法之外，别有摩西口传之秘，与圣经并重。谟罕蓦德闻之，遂伪造此事，欲后之彼教中人，尊崇其言，同于犹太人尊崇，伪托摩西之言也。其伪造之言，始虽人多不信，后之人则多信，时愈久，而信者愈多矣。方谟罕蓦德初造伪言，以众不信而多与背也，谟罕蓦德不能安居于墨克，乃去而往默德那[2]。厥地在麦加之西北八百里。此城中犹太人，及伪基督教人[3]甚众，犹太人

[1] 本节底本出自林乐知《万国公报》之《中西关系略论·第十七论回教本末》，见《万国公报》（第三册），第1918—1921页。

[2] 默德那，Medina，今译麦地那，伊斯兰教圣城之一。林乐知作为新教传教士，唯我独“真”，对其他宗教充满偏见，请读者明鉴。

[3] 伪基督教人，似指东方的聂斯托利派或不信大公会议决议者（雅各派），被传统天主教视为异端，曾在中东地区一度活跃。其中聂斯托利派，主张基督二性说，对“三位一体”说存有异议，是最早传入中国的基督教派，又被称为景教。参见詹姆斯·温布兰特著，韩志斌、王泽壮、尹斌译：《沙特阿拉伯史》，上海：东方出版社2009年版，第32—40页。张志湘主编：《广东伊斯兰学术论坛论文选集》，广州：广东经济出版社2012年版，第124—125页。此处感谢周伟驰教授指点。

与伪教人分党相争，以相争而相雠。伪教人于谟罕蓦德之至也，甚喜，叛其教而群相从焉。

谟罕蓦德初至，居于大臣阿蒲亚伯[1]家，旋创建大教堂，以行其教。是年为耶稣降生后之六百廿二年，七月十六日，即回历之始也。斯时，谟罕蓦德居其地，信从者众，皆愿出死力，谟罕蓦德遂如国王焉。谟罕蓦德常使众掠哥累斯族。偶一日，使九人出掠哥累斯族。众于途掠其骡马资财而归。谟罕蓦德闻之喜，意以九人胜族众，如以众战，可立国，荣同于立教也。曩谟罕蓦德在墨克时，族众不信而相摈，乃走默德那。今默德那信者既众，遂以其众与哥累斯族战于诐头[2]，大胜之，由是名显，而人皆尊崇焉。是战也，为耶稣降生后之六百二十四年，谟罕蓦德居默德那之第三年也。详叙此战事。

初有人告谟罕蓦德曰，哥累斯族行商，自西利亚国来，以千驼负货，而商仅三四十人。谟罕蓦德使众掠而擒之，族商之长名沙费安[3]，乞援于墨克族长。族长命众以九百五十人驰救。谟罕蓦德闻而集众，三百十有三人，帅以进战，又分其众守城为退守计。将战，谟罕蓦德伪眩晕卧地，忽起而言曰："神许战，必胜矣。"掬尘撒空曰："愿敌众眯目。"励众勠力。众奋击，遂败族众，擒七十人，死七十人。谟罕蓦德之众，仅亡失十四人而已。方战时，谟罕蓦德云："天使加伯赖命勿亲战，立营门，祷神祈胜。"谟罕蓦德记战事于《咕嘞经》云，以掬尘撒空，

[1] 阿蒲亚伯，即前文之艾布·伯克尔。

[2] 诐头，Badr，今称白德尔，曾发生伊斯兰教史上首次主动出击的战役，史称"白德尔之战"。

[3] 沙费安，Abu Sufyan，今称阿布·苏富扬。

故敌众目眯，视其众倍于敌众；又云神命天使千人，又续命天使三千人助击，故胜。是天使胜，非人力胜也，以此胜惑众。于是众与阿拉皮国人，皆以此战为实证，信为正教，而其教大行。

谟罕蓦德初立教时，祈祷不拘方向，继至默德那，命其徒向耶路撒冷祷，欲犹太人喜也。行之岁余，犹太人以为无甚关系，乃于二年后，又命其徒改向东祷，以墨克在东也，众以其属变，多去之。又初众祷时，吹笳摇鼗以聚众。谟罕蓦德又改之，以犹太平屋顶平如台，改登屋顶，呼众而祷，此改祷仪也。又议定《咕嘞经》降之月，为守斋之月，名勒麦丹[1]。进言战事，其屡战不备叙，择详其一二事。

谟罕蓦德墨克出奔之第六年，率一千四百人，诣墨克之大殿。其地民疑之，命一人告谟罕蓦德曰："来必以刃，尔刃胜吾刃，则可来。"谟罕蓦德帅众欲攻城，墨克命使议和，议定，约阅岁许十年中，谟罕蓦德偕徒任其游行，惟毋带刃，毋居至三日，乃还。阅岁届期，诣游墨克大殿，距其城十八里，誓众曰，当谨如约，櫜械置城外，乃入城游殿。此大殿名开阿罢，内有黑石[2]碑，众抱碑而与碑接吻。行殿七周，其三周，疾行超跃以示不疲；其四周，恭肃而趋。此仪至今，彼教遵行。其众祷也。谟罕蓦德乘驼背，七周二山中，其山有二菩萨，乃哥累斯族也。此仪至今，彼教亦行。礼毕，以七驼祭，而众皆薙发焉，此一事也。又谟罕蓦德墨克出奔之第六年，是年又攻一

[1] 勒麦丹，今称阿木拉斋戒。

[2] 黑石，伊斯兰教圣物之一。阿拉伯地区长期流行黑石崇拜。

城，名曰来罢[1]，围而攻，攻而陷。谟罕蓦德帅兵入城，入大臣海勒宅。海勒之女名西乃白[2]，备馔食众，置毒于羊蹄肴中。登筵食时，谟罕蓦德之从者名曰白沙[3]，食中毒，立毙。谟罕蓦德亦食羊蹄，见白沙死，急哇之，而余毒留焉。服药解之，不能尽解。或问西乃白何置毒。西乃白曰："试其果先知否，如真先知，则知毒勿食，如伪先知，则毒死为佳矣。"彼教之书未悉，将西乃白如何处置，或言赦，或言罪，言多不同[4]。

谟罕蓦德自墨克出奔之第八年，谟罕蓦德以为麦加人背约，遂帅兵万人往攻之。于是麦加城中内乱，多出奔，而从谟罕蓦德焉。谟罕蓦德往攻哥累斯族城，谕众曰，今日大战，无论圣地，亦杀人。众受命，持刃攻城，陷之，入城纵杀，灭哥累斯族。谟罕蓦德曰："非我欲如是，兵不从令也。"明晨，旭日将升，入城伪谦，执《咕嘞经》诵战胜之章而入。至大寺名曰格阿白[5]，乘驼不下，绕寺行七周，以杖扣黑石碑，乃下驼入寺。去诸菩萨像，毁供具，曰神为大，向各方诵经，绕寺外四周，都计寺有菩萨像三百有六十，皆毁，寺楼有大菩萨像，亦毁。谟罕蓦德部下奉教之人，皆扣杖，群呼曰："真道来，伪道退。"于是诸菩萨像皆倒地。又入内至讲堂，登位讲经毕，出绕

[1] 来罢，Khaybar，今称海白尔或海巴尔，原是犹太人的一个村镇。穆斯林与犹太教徒在此爆发了激烈的冲突，史称"海白尔之战"。

[2] 西乃白，今称宰娜布·宾图·哈里斯，犹太教女子。战时，其亲友族人大量被杀，激其对穆罕默德复仇。

[3] 白沙，今称比希尔·本·巴拉。

[4] 此即伊斯兰教史上有名的毒羊肉事件。基督教和伊斯兰教对此事历来争论甚为激烈。

[5] 格阿白，今称克尔白。

寺七周。至井侧，井名圣泉，饮而浴，众亦饮浴。彼教人云，此井之泉，饮之浴之，病可愈，愚可慧，罪可涤。谟罕蓦德告墨克人曰：“神降大恩于尔众，命毁像，毋拜像。”又曰：“尔为我仆，虽为我仆，我释汝。”谟罕蓦德以此多奇事。蒇事[1]，遂以寺中诸职授众，与众誓，服其教，众咸服。

迨谟罕蓦德墨克出奔之第十年，又往墨克，此行则与墨克永别矣。帅众九万人，或云十一万有奇，所以人众者，以其时阿拉皮国人，皆服从故也。谟罕蓦德之众妻，亦骑驼与偕，又携多驼备献祭。往墨克献祭，彼教以为至要事，彼教有终生未往一祭者，众共非之。此次谟罕蓦德往，仍从前攻克之门入，礼仪与前同，登前山言神独一事，告众曰：“神为大，此神外无神，无与之齐，司万物之权，总归神，以独一尊神，赞神权驾万有之上，有全能神，独一有神力。”论毕，至日暮会众教，以献祭之礼立。至夜深，诵经毕，卧至晓日将升。晨祷疾行，自麻哈撤山凹，至米那山凹。地多石卵，拾七枚掷之，每掷一卵，诵经谕众，神为大之言一过，七掷皆然。至献祭所讲祭义，手宰驼六十有三以祭，时谟罕蓦德年六十有三岁，一岁一驼也。阿蒲搭勒之子名阿里，即谟罕蓦德之堂兄也，又宰驼三十有七以祭，而驼数满百焉。祭毕，闻天有声，其声为定《咕嘞经》例而有也，有此一说焉。天有声曰：“曩背回教者，今日祸。”又曰：“我今成全此教，降恩多，所愿自今后，众以回教为教。”声止，谟罕蓦德薙发，先右后左，握所薙发弃之。据彼教人云，有人曰甘勒

[1] 蒇事，意为事情办完。

得，仕宦也，取弃发缠于抹额上。甘勒得云，后战以发，大得神助焉。众食圣筵，分食百驼，谟罕蓦德诵经，饮少许圣泉，又绕殿七周而去墨克三里许，有山曰阿拉山[1]，其地彼教人极重之，以厥地可习静悔罪也。谟罕蓦德至其地，为己祷，为众祷，记其事于《咕嘞经》，以劝人。

谟罕蓦德之末年，即墨克出奔之第十一年也，是年病危，头痛甚，其病之源，以前三年中毒之故也。时发时愈，斯时危剧，令诸妻环侍，谟罕蓦德讲回教道理。以病中昏瞀，言似谵语，身热甚，命人以大皮囊七，盛冷水浇身，以冀热退心清。又命人扶入讲堂位，讲神为大之旨，祷神，祈神赦罪，言如己欺人负人，则当偿，遂以金偿债。又言，生有惭，尚可忍；死有惭，不可忍也。午祷，又代亡人祷，祷毕而神微力惫。是年谟罕蓦德六十三岁矣，遂死。死之日为礼拜第一日，其墨克出奔亦为礼拜第一日，入默德那城亦为礼拜第一日，克墨克城亦为礼拜第一日，亦一奇也。其死也，或云未死，乃升天，或云未死，乃见主，如摩西登山四十日事。彼教中人纷争如聚讼，于是阿蒲比格出而断曰："死矣。古之诸先知既死，使徒亦死，故谟罕蓦德亦死也。"众从其言，皆曰死矣，乃以水灌顶洗身，名曰华图[2]。以香衅尸，以药殓尸，使尸不朽。其药殓，阿里为之，从遗命也。送殓者皆以帛蔽目，以谟罕蓦德预言，见其赤体，必目盲也。殓毕，众次第诵经。诵毕，众议葬，而又争论。或欲葬墨克，以其故

[1] 阿拉山，指麦加之阿拉法特山。回历10年，即公元632年，穆罕默德召集教众在此举行"辞朝"活动，发表了著名的"辞朝演说"，对伊斯兰社会影响甚大。

[2] 华图，指穆斯林葬礼上的"浴礼"。

里也；或欲葬默德那，以其行教也；或欲葬耶路撒冷，以其为先知，欲与诸先知同葬也。是时，阿蒲比格已嗣谟罕蓦德位，又出而断曰：“死何地，葬何地，此谟罕蓦德生时自言也。”乃即床下坎地而葬，至今其墓尚存。墓在默德那城中，墓上有夏屋，屋连彼教之大殿焉。阿拉皮国彼教中人云，谟罕蓦德之为人也，喜真，喜公，喜济贫，常以金养贫者四十人，故人称为贫者之慈父。其产甚丰，而自奉甚俭，恒历数月仅食枣，饮水而已。食必起立，与仆同食。履必自为，屋必自扫，自爨以食人。其行如此，后人谓其劳谦慈俭，欲自成圣，为可取也。然行虽如此，而有妻二十一人，据其自言，五妻前死，六妻休去，十妻偕老。元配生四子四女，继配摩礼亦生子，余皆不育[1]。谟罕蓦德生时，攻服阿拉皮国而为君。

[1] 林乐知所述与现在伊斯兰学界共识有别。一般认为穆罕默德一生共有十二个妻子，并无休弃。第一任妻子赫蒂彻生育二子四女，二子早夭。而文中所称“摩礼”，乃埃及总督所赠之女，为穆罕默德生育一子，但早夭。其子女只剩四女。

三、论回教散开形势[1]

谟罕蓦德回教本末，前已申明矣。兹即谟罕蓦德攻服阿拉皮国为君之后，而略论之，非必如回教本末之详细也。按阿拉皮国，在亚细亚之东南[2]，其地计长四千五百里，阔二千余里。其与各国交界之处，北邻西尼亚，东罗马属也，正西邻红海，南邻印度洋，西北邻埃及，正东邻波斯。此数国常有抢夺其地，而据为省城者。当谟罕蓦德初生时，阿拉皮国之南，即天方国也，为阿比西尼亚王所辖，非但邻封争取其国，即国中之支派，亦多内患焉。及谟罕蓦德立教以来，于墨克战胜族人，族人固心折矣，而周围各属，既服其教，且奉为王，于是南北族众，无有异其教而与之为难者。阿拉皮国遂为谟罕蓦德所全据也。迨谟罕蓦德卒，未有接位者，以国无长君，纷纷聚讼。维时应入继者，为阿利，即谟罕蓦德之婿也。阿利有文事而无武备，大不满于军心。争论三日，谟罕蓦德之岳丈，阿普

[1] 本节底本出自林乐知《万国公报》之《中西关系略论·第十八论回教散开形势》，见《万国公报》（第三册），第1944—1946页。

[2] 原版如此，但此处林乐知所云地理方位有误。阿拉伯帝国在亚洲西南，而非东南。

毕格践君位矣，尊之为格立夫[1]。

格立夫者，译云代理，乃阿拉皮国回教之尊称也。接位之后，办理谟罕蓦德丧葬事宜。嗣国中有名谟色拉马[2]者，欲自行立教，党羽甚多。阿普毕格特命将军名格勒[3]，又名神剑者，出而剿之。既平之后，国政与教事，俱获平安矣。然当是时，国内之兵好勇斗很[4]，习惯自然，安居无事，必为乱阶。阿普毕格命将军神剑率领兵士，分攻邻国，而邻国中如北之东罗马，与东之波斯，皆弱国也。故神剑攻波斯，一鼓而得。其东罗马之西尼亚[5]，督兵者有勇谋，未易奏功。阿普毕格飞檄饬令各支各派，挑选精兵，协力攻之。军将用命，士卒争先，愈战而愈胜，亦愈胜而愈战也。由是而西攻埃及，势如破竹，凡在邻封，无不为其所得。及至大西洋，而日斯巴尼亚国，适逢滋事之时，有侯爵招阿拉皮国得胜之兵，入国戡平乱事，而国中境地为阿拉皮国之兵，据其大半，日斯巴尼亚王仅守一隅耳。阿拉皮国督兵者，率四十万众，欲灭法国，而跨有欧州。法国皇精于用兵，用力拒

[1] 史称穆罕默德去世后，穆斯林社会出现短暂纷乱。林乐知所言穆罕默德之婿“阿利”，乃穆罕默德之女法玛蒂丈夫阿里·本·阿比·塔利卜，本想在长老的单方面拥护下，抢先一步继承穆罕默德之位。此举被伯克尔、欧麦尔等手握军权的老部下反对，最后艾布·伯克尔胜出，成为穆斯林首任格立夫，掀起对外扩张序幕。格立夫，Khalifah，即今称哈里发，意思为代治者。此后形成哈里发制度。

[2] 谟色拉马，今称穆赛里姆，原为麦地那叶麻麦哈尼法部落宗教首领，欲仿照基督教自立为“先知”，反对伊斯兰教，是伊斯兰教早期的竞争者，被穆斯林批评为“伪先知”。

[3] 格勒，今称哈立德·本·瓦利德，伊斯兰教早期著名的悍将，在打赢“伪先知之战”中起到了关键作用，此后对外攻城略地，用战争方式保住并扩大了伊斯兰教区，被誉为“安拉之剑”。

[4] 原文如此，根据句意，当为“狠”。

[5] 西尼亚，Syria，今译叙利亚，当时受东罗马管辖。

退，嗣后阿拉皮兵不敢再有窥伺法国之心，而阿非利加全洲之地，则为其所据矣。事在谟罕蓦德卒后七十八年，正耶稣降生七百零十年也，阅八百年后，日斯巴尼亚于一千四百九十二年，克复全境[1]，而阿非利加尚为所有。此回教西行大略，相传至今，仍遵回教。

其攻取东方也，既得波斯，兵分两路而进，一由东南，攻取印度，立国最久，迄今尚存四千万回民；一由东北，窜据印度与波斯之北，即霍罕[2]与基法以及天山南路，皆为所得。勒令土人悉遵回教，于是西至大西洋，东至印度洋，北至中国沙漠，用尽心力，无所往矣。其后世之格立夫，由阿拉皮迁往波斯之北格带[3]为京城焉。幅员虽广，一人难以兼顾，权势渐分，争端日起。东西两属，俱有割据而自立者，纷争以后，各霸一方。嗣有占据波斯之东者，格立夫用土耳机人为总督，该督央请土耳机人入境相助，而格立夫之势愈形柔弱矣。土耳机人爱其地势之佳，又于本处招人来助，愈集愈多，得其数省地方，据为己有，旋将北格带一并吞之，而自立为王，是为色柱格朝[4]也。

阅三世，有王名默勒[5]者，国势大振，由地中海起，至中国万里长城而止。阿拉皮朝渐衰，土耳机人日盛矣。尝考土耳机人，天山与里海居中人也。其始祖发迹于金山，亦名阿尔岱山[6]，隶蒙古之北也。虽到处攻胜阿拉皮

[1] 此处指西班牙历史上著名的收复失地运动。
[2] 霍罕，Khanate of Kokand，今称浩罕汗国。
[3] 北格带，Baghdad，今译巴格达。
[4] 色柱格朝，Seljuq Empire，今称塞尔柱帝国。
[5] 默勒，Malikshah，今称马利克沙，统治期间，将塞尔柱帝国发展到极盛。
[6] 阿尔岱山，Altai Mountains，今称阿尔泰山。

国之人，而即以所从之回教为教，盖性情与之相近耳。夫色柱格朝，至一千一百九十四年，又更为加立司密朝[1]，其王驻居土耳机士丹[2]，即天山南路之西也。

在位不久，有中国北边蒙古之成吉思汗，正值攻取中原，已据有五省之时，而加立司密朝因与蒙古通商失和，掠其牲畜无算，并钦使三名，亦复掳之[3]。成吉思汗遣使理论，加立司密朝强项不遵。成吉思汗大怒，特命四子率众七十万，攻打加立司密朝。其王名马汉麦[4]败走，死者十六万人。马汉麦退匿里海岛中以避之，旋即卒也。而其子被成吉思汗兵追至印度。是时成吉思汗兵，人困马乏，无心恋战，央求成吉思汗，暂为休兵，而回蒙古。凯旋之际，正一千二百二十七年也。未几而成吉思汗卒矣，临终时，嘱四子善守所得之地，不可有失，并誓云，不取中原，目不瞑也。其四子，一名吐熙[5]，一名扎格带[6]，一名

[1] 加立司密朝，Khwārazm，今称花拉子模王朝。

[2] 土耳机士丹，似指Turkestan，今译突厥斯坦。

[3] 此指1218年蒙古与花拉子模有名的讹答剌事件。花拉子模讹答剌守将贪图财物，擅自掠杀蒙古有450人的和平商团。商团有人逃回，报告给成吉思汗，引起了成吉思汗极大的愤怒，此事成为西征花拉子模的重要导火索。

[4] 马汉麦，今指花拉子模末任苏丹阿拉丁·摩诃末，在位期间东征西讨，扩大版图，但因结怨蒙古，最后逃到中亚里海，据称凄凉地死在其中的额别思宽小岛上。参见刘屹松著：《成吉思汗全传》，武汉：华中科技大学出版社2016年版，第235—236页。

[5] 吐熙，即孛儿只斤·术赤（1180—1225），成吉思汗长子，因血统问题与其弟多生争执，后自领一国，其子拔都建立钦察汗国。

[6] 扎格带，孛儿只斤·察合台（1183—1241），成吉思汗次子，后建立察合台汗国。

阿格带[1]，一名杜立[2]，推阿格带为王，四子领兵望中原而进。其兵非但蒙古人也，即回回与欧洲人亦在其中。

攻战有年，至成吉思汗之孙，名忽必烈，始入中国为帝，是为元朝，事在一千二百七十九年。其西藏与安南、暹罗、缅甸，暨印度之榜葛剌[3]等处亦有之矣。自西徂东，版图之广，惟元朝为最。斯时也，忽必烈之堂兄，忽喇姑[4]攻取波斯。其王即回教最后之格立夫也，名马德生[5]。经忽喇姑攻陷京城，勠格立夫而有其地。由是中原而外，自天山南路与波斯小亚细亚，及地中海，皆为蒙古所有，而皆从回教矣。然盛极必败，合久必分，厥后蒙古波斯与土耳机士丹之人，亦变为回教，势日弱而权日移，争端渐起矣。维时天山之西，地名撒马儿罕[6]，有人名铁木儿[7]者，亦回教也。其母为成吉思汗之女孙，其父乃土耳机人，英勇无敌，南北东西，战功卓著。攻打东罗马时，闻得朱太祖[8]崛起，即天子位，改元为明，旋即撤兵，回撒马儿罕。有孙六人，正在婚娶，燕乐逾恒，暂留数日。复统兵由天山南路而入中原，思欲恢复元朝基业。

---

[1] 阿格带，孛儿只斤·窝阔台（1186—1241），成吉思汗第三子，成吉思汗生前指定的法定继承人，蒙古帝国大汗，奠定了元朝基础。

[2] 杜立，孛儿只斤·拖雷（1193—1232），成吉思汗第四子，蒙古帝国重要将领，曾率军西征，攻灭金朝主力军，战功卓著。其长子蒙哥继任蒙古帝国大汗。

[3] 榜葛剌，Bengal，今译孟加拉。

[4] 忽喇姑，指孛儿只斤·旭烈兀，拖雷的第六子，蒙古著名军事统帅。

[5] 马德生，今指穆斯台绥姆，阿拔斯王朝的末代哈里发，最后被旭烈兀在围城中纵马踩死。

[6] 撒马儿罕，Samarqand，今译撒马尔罕。

[7] 铁木儿，今指埃米尔·帖木儿（1336—1405），出生于今乌兹别克之撒马尔罕，创立帖木儿帝国。

[8] 朱太祖，指明太祖朱元璋。

行至半途，地名阿德拉[1]，而铁木儿卒，时年七十，事在一千四百零四年也[2]。

铁木儿若到中原，恢复元朝，恐中国人民将全为回回教矣。铁木儿卒后，战胜之地，依然为乱。其弊在战胜之处，弃而不守，兼无善政及民，亦有勇无谋之辈耳，仅遗元孙一人，为印度王。至英国战服印度时，铁木儿之苗裔，靡有孑遗矣。其时波斯亦克复故土，即天山之西，亦另为土耳机人所得，盖即土耳机士丹之地。又一种土耳机人，攻得东罗马，改为阿德满朝[3]，乃今之土耳机国是也。

铁木儿既亡，土耳机日盛，欧罗巴、亚细亚、阿非利加等洲，皆有其属地。虽其间互相攻击，而国政日非，回教勿衰，即如波斯柔弱不堪，从回教者志甚坚也。但回教实繁有徒，而亦有门户之别，有名苏利回教[4]者，有名希亚回教[5]者。土耳机士丹与土耳机，苏利回教也。波斯则专主希亚回教矣。推原其故，实由谟罕蓦德弃世时，争位起见耳。凡苏利教人，与希亚教人，势同冰炭，一遇争竞，即视若仇雠也。而苏利一教，则意合情投，亲同骨肉，近虽无格立夫为王，而土耳机国王犹之格立夫也。盖土国不得与闻他国事，惟各国苏利回教，群推土耳机王为主。是以

[1] 阿德拉，Otrar，今称讹答剌，古代中亚商贸名城，今在哈萨克斯坦阿雷思河及锡尔河交汇处。

[2] 林乐知此处所述帖木儿卒年有误。据布哇（L. Bouvat）详细考证，帖木儿实死于公元1405年，而非林乐知所说的1404年。见布哇著，冯承钧译：《帖木儿帝国》，上海：商务印书馆1935年版，第71—73页。

[3] 阿德满朝，Ottoman Empire，今译奥斯曼帝国。

[4] 苏利回教，指伊斯兰教逊尼派。

[5] 希亚回教，指伊斯兰教什叶派。

喀什噶尔之阿古柏[1]亦宗苏利教者，现因华兵压境，奔赴土国求援，土国允其派一公使来华，代为说客也。

[1] 阿古柏，Mohammad Yaqub Beg，今译穆罕默德·阿古柏（1820—1877），依靠英俄等殖民势力，在我国新疆发动阿古柏之乱，妄图分裂自立，之后与英俄屡有矛盾，最终被左宗棠率湘军攻灭。

四、论回教来中国缘由[1]

前论谟罕蓦德立教原委与回教本末，及回教散开形势矣，兹复即回教入中原而略论之。查继谟罕蓦德而崛兴者，惟阿拉皮国为最盛耳。其回教之入中国也，始于唐朝，因通商而至广东，与浙之乍浦、宁波，及闽之福州等处，每年一次，守风放洋，华人但知为天方国人也。通商以来，情意甚厚，互简钦差，讲信修睦。当耶稣降生六百二十八年，即唐高祖在位是也，高祖遣使航海修好，阿拉皮国王亦差母舅名赛尔弟苏哈爸，与甘古士来朝。高祖曰："尔王治国，何者为先？"对曰："三纲五常而外，别无奇政。"高祖嘉其言，留之驻于广东，遂建一寺而居焉。据阿拉皮国史书云，赛尔弟苏哈爸由广东回国时，正值谟罕蓦德谢世，问其有无遗嘱。廷臣曰："无他言，惟愿咕嘞全经传于中国而已。"赛尔弟苏哈爸奉咕嘞

[1] 本节底本来自《万国公报》之《中西关系略论·第十九论回教来中国缘由》，见《万国公报》（第四册），第2198—2200页。

全经而来中国，专心传教，从者日众[1]。

此谟教之称所由来也，然皆阿拉皮国人也。即今云南遵其教者，亦阿拉皮国同类人耳。语言文字悉与阿拉皮国相同，查其至云南底细，无一知者。据云南回教人云，昔中国皇得一梦兆，疫鬼当权，日色无光，地不产物，心甚忧之，忽见一人来前，衣阿拉皮国衣，和容悦色，即之也温，醒而异之。召圆梦者解曰，当求救于阿拉皮国之主，必得禳之之法焉。于是遣使赴阿拉皮国，道其来意，阿拉皮国主发三百六十人来华，而疫鬼遁迹矣。中国皇大悦，令其近皇城居之。嗣后有王者起，不知为何许人，欲逐之，驱而之中国边省，历代相沿，支派蕃衍，此即其来历也。不经之谈，殊堪捧腹，或即唐朝由西北隅拨来者，亦未可知，故特就中国西北隅崇是教者论之。

当耶稣降生七百五十五年，正天宝[2]在位时也，安禄山反，明皇奔蜀；皇子[3]逃往甘肃，长安城陷，群臣迎立皇子践位，遣使至西域借兵。回主挑选精兵十万，命叶护[4]带领入关，与郭汾阳削平大乱。凯撤之后，特留叶护

[1] 林乐知所述唐王朝与伊斯兰政权交往史，与目前所知不符。据史家陈垣考实，双方官方交往最早始于唐高宗永徽二年，即651年，而非628年。当时唐王朝称其为大食。当时的大食首领，实为阿拉伯国第三任哈里发奥斯曼。广州回教寺，当在永徽三年建。林乐知所述使者“赛尔弟苏哈爸”“甘古来”，似乎是道听杜撰，并无此人。或林乐知另有所本，待考。

[2] 天宝，唐玄宗在位时期的最后年号，时间段在公元742—756年，其间发生安史之乱，导致唐王朝由盛转衰。

[3] 皇子，指唐玄宗第三子李亨（711—762），时为大唐太子。安史之乱爆发后，唐玄宗出逃四川，大失人心。太子李亨在灵武被群臣拥立为皇帝，是为唐肃宗。

[4] 叶护，又称叶护太子，回纥国太子，助唐平乱，被唐肃宗封为“忠义王”。

驻扎长安，遂与华人通婚姻矣[1]。至耶稣降生八百四十二年，武宗[2]在位，回人支派数万，请入中国为民，武宗许之，令其于陕西、甘肃两省居住，维时回人并无奉谟教者[3]。至耶稣降生九百六十六年，喀什噶尔主名布格拉[4]者，始奉谟教，而民从之。厥后布格拉率兵征土耳机士丹，大获胜仗，掳其人而居天山南路，皆回人也。九百七十二年，大半释归本部，其未归者，本部人指为东干。所谓东干者，译云遗种也。阅二百年成吉思汗带兵来攻中国，所来者回众与东干居多。成吉思汗卒，其子名阿格带，亦领兵来攻中国，所来者皆奉谟教者矣。陕甘两省所居之回人，见后来者俱奉谟教，亦相率而为谟教也。华

[1] 此处指安史之乱时期，唐王朝借兵回纥平乱史事。“明皇”指唐明皇李隆基，史称唐玄宗；“西域”“回主”主指西域之回纥国，非阿拉伯国；“郭汾阳”指大将郭子仪。唐王朝成功借兵回纥平叛，但代价沉重。回纥虽出兵助唐，但军纪败坏，一路烧杀抢掠，令百姓深受兵灾。且安史之乱后，回纥看透唐王朝虚弱本质，于边境骄横日甚，以致内轻外重之势更重，边患无日无之。尤其是大食，趁唐王朝虚弱，迅速向西域挺进，加重了唐王朝的外患，成为伊斯兰教大规模进入中国西部疆域的重要历史背景。另外，林乐知所述借兵数字是错误的。据唐史资料记载，出兵最多的回纥派兵四千余名，大食少于回纥。林乐知所述精兵十万，谬也。参见林幹、高自厚著：《回纥史》，呼和浩特：内蒙古人民出版社1994年版，第37—40页。王灵桂著：《中国伊斯兰教史》，北京：中国友谊出版社2010年版，第15—18页。

[2] 武宗，指唐武宗李炎（814—846），在位期间励精图治，一度出现中兴。

[3] 此处所述正误交杂。安史之乱之后，回纥尚未改宗伊斯兰，长期盛行自然崇拜等多神崇拜。故林此处所论属实。但唐朝已有不少回民。据《回纥史》，840年，回纥国被黠戛斯国攻灭，国破家亡，进入分裂流散时期。部分回纥人流入包括今陕甘等在内的河西走廊，形成河西回纥。林乐知所云842年回人内服中国为民者，所指为河西回纥诸部，以唐武宗会昌二年回纥嗢没斯部归顺大唐事最为典型。归顺后，嗢没斯部被置于河西北部一带，忠于大唐，后逐渐汉化。

[4] 布格拉，今指萨图克·布格拉，喀什噶尔第一个信奉伊斯兰教的统治者。不过林乐知所述时间有误，要比966年早。参见李进新著：《新疆伊斯兰教汗朝史略》，北京：宗教文化出版社1999年版，第3页。

人则以回人而奉谟教，故名之曰回回教矣。至若天山北路，所住回人，皆土耳机苗裔。

国朝乾隆年间，征服伊犁，尽逐克立墨一种匪徒，仅容回人居住，而地广人稀[1]。召陕甘两省已奉谟教之回人而实之，而伊犁土人，渐变而遵谟教，华人亦以回回教名之也。嗣又征得天山南路，是其地其人与所行之教，皆为中国所有矣。以上所论，仅即回人来中国而略言之耳。所谓关系者，不在此也。

[1] 此处指乾隆平定大小和卓史事。所谓克立墨者，即和卓氏也。

五、论西域舆图并喀什噶尔叛逆情形[1]

前论回教流入中国，其缘由已详细著明矣，兹即西域舆图中之喀什噶尔谋叛情形论之。查天山南路各部落，当成吉思汗卒后，四子各主一方，而为天山南路之主者乃次子扎格带，是为蒙古朝也。崇信佛教，举国如狂，嗣为土耳机朝争占其地，遂易而为谟教矣[2]。土耳机朝末世，仅遗一女，嫁土耳机士丹之噶查。所谓噶查者，译云谟罕蓦德之后裔，然非确论也。一时相从者甚众。凡属土耳机士丹者，包括阿伯戈尔[3]、霍罕、基法等处，并与属喀什噶尔之人，无不奉之如神明。推原其故，噶查本主教中之事，娶土耳机朝之女，接办国中之事，是以教主而为国主也。噶查践位之后，其子孙分为两大支，一为白，一为黑，即华人所谓白帽回子、黑帽回子是也。骨肉相残，纷

[1] 本节底本出自林乐知《万国公报》之《中西关系略论·第二十次论西域舆图并喀什噶尔叛逆情形》，见《万国公报》（第四册），第2224—2229页。

[2] 此指察合台汗国，早期信奉佛教，后改宗伊斯兰教。察合台汗国并非被土耳其所灭，主要是被伊斯兰化的帖木儿汗国所灭。

[3] 阿伯戈尔，似指Abhar，元代译阿八哈耳，位于今伊朗苏丹尼亚东南部，是《马可波罗游记》等外国游记中常见的地名，在明清时期名义上受土耳其苏丹管辖。不过，“阿伯戈尔”在全文只出现一次，是否指“阿八哈耳”，尚有疑问，还须再考。参见冯志文等编：《西域地名词典》，乌鲁木齐：新疆人民出版社2002年版，第6页。感谢深圳大学恽文捷先生的有力指证。

争不已，或此得而彼失，或彼胜而此负，历三百年之久，内患未平[1]。

国朝乾隆年间，攻取天山北路之伊犁地方，即耶稣降生一千七百五十七年也。白帽回战黑帽回不下，恭请中朝得胜之兵，合攻黑帽回，而驱之净尽。中朝得胜兵，嗣又将白帽回一并逐之，而有其地也。国朝初得其地，于天山之北各部落，天山之南各部落，简放将军，驻扎伊犁之怀远城，以节制之[2]。由中国北京西行，而过哈密，直达天山，路分南北两条，此天山北路、天山南路所由来也。按天山南路各部落，自中国得而复失，统计一百零八年。

中朝抚有其地以来，较当年白帽回与黑帽回争战之时，大获平安矣。而其地所产之物，金玉铜锡铁煤硫磺与食物耳。其能运至中国者，不过金玉与铜，余皆难以运载也。中国每年运出养兵之费，计元宝银一万二千枚之多，岂非入不偿出哉？况其地乱事频仍，一波未平一波又

[1] 此处讲新疆等地伊斯兰教中和卓家族“白山派”和“黑山派”的缘起，然虚谬较多。“噶查”当指两派领导人之祖马哈图木·阿杂木（1461—1543），中亚著名宗教领袖，死后诸子争位。其中长子玛木特·额敏创建“白山派”，戴白帽为志；次子伊斯哈克·瓦里，凭借外戚萨亦德家族等势力，创建“黑山派”，戴黑帽为志。两派争权夺利，混战不已，对中亚政教影响深远。16世纪，两派进入新疆后，成为当地内斗动荡的重要因素。参见刘正寅、魏良弢著：《西域和卓家族研究》，北京：中国社会科学出版社1998年版，第105—130页。

[2] 新疆与西域渊源甚深，自汉以来就已是中国领土，与内地经济文化交流密切。西汉时期，汉王朝设西域都护，对西域进行有效的军事、政治管理。至公元七世纪，西突厥接受唐的册封，唐王朝先后建立安西都护府、北庭都护府管理西域。蒙元时期，西域初被划归察合台汗国，后由元朝设官统治。清初西域基本被准噶尔强占。1755年，清廷派兵平定准噶尔，统一西域，1757年将其改名为“新疆”。但不久其内大小和卓叛乱。1762年，清帝国在粉碎大小和卓叛乱后，在新疆设立了“伊犁将军”，统一管辖全疆事务。此后六十年新疆未发生大的动乱，稳定发展。

起。其所以然者，缘噶查后裔国事虽亡，教事未衰，其匿迹于霍罕各城者，出入靡定。凡奉谟教之回民一见噶查后裔，如磁石之与铁也，是以相从为乱者，未有穷期矣。推之甘肃之火洲[1]，与哈密各处，亦多烽烟告警。至耶稣一千八百六十二年，西安省城，有揭竿而起者，因小忿而酿成大祸[2]。先是有东干回人[3]，以刀戮伤旗民，有司查拿凶犯，回众抗拒不遵，以致激而谋乱。其时有甘肃乱首沙公章者，即火洲乱首，沙文之子，闻风而赴西安，入其群而为虎翼，此叛逆之实在情形也。虽中朝四路调取官军，而兵力不足，回氛愈炽，贼势东行不利，折回西北，势更猖狂。有谣言煽惑民心者，唆使西方回民，乘机而动。至一千八百六十四年，贼众蔓延甘肃火洲、哈密、迪化城（即乌鲁木齐），而及伊犁矣。其倡乱之由，则哈密与迪化之贼势先张。当斯时也，官兵分守各城，计有六万。其中大半系东干回民，以回兵而变为回匪，遂据乌鲁木齐而城陷也。贼众分两路而行，一由天山北路，一由天山南路。其窜往天山北路者，由马耐司地方[4]，而至库尔喀喇乌苏城[5]。途中适遇官军接仗，官军败绩，退回伊犁。民心震恐，从贼者愈多，而旗兵与军犯，亦在其中也。于是天山北路各部落，遍地贼踪，渐侵俄国界内，扰害俄人。俄国大怒，见官军不能平治，而令贼党扰及邻封，即调集

[1] 火洲，今称吐鲁番，在清代中前期受甘肃管辖，因夏季异常酷热，被称为“火洲”。

[2] 此处指清代同治年间陕甘回民反清史事（1862—1873）。

[3] 东干回人，指清代移到中亚地区的陕甘回民后裔，亦被俄国及当地划成东干族。

[4] 马耐司地方，清代新疆地名，今称玛纳斯。

[5] 库尔喀喇乌苏城，清代新疆地名，在今新疆维吾尔自治区乌苏市。

俄兵，战败回匪，而据伊犁为保障矣。此俄国得伊犁之缘由也。

其天山南路贼踪，沿途蹂躏，将库车与阿克苏及乌什三处所有守城华兵，杀戮殆尽。而贼首仍据乌鲁木齐，其统领贼兵到处掳掠者为陆希武田[1]，即库车人也。闻贼首有自乌鲁木齐出兵之说，遂先行起兵出境。乌鲁木齐之兵未到库车，而陆希武田已至乌什，专差武弁，赴乌鲁木齐报捷，自称三战三胜，或进或守，请示定夺。贼首传令，即以得胜之兵，速取叶尔羌与喀什噶尔两处。

当一千八百六十四年，十月间，乌鲁木齐贼兵一到库车，即往叶尔羌进发，将华兵防守之地围在垓心。外无援兵，内无粮饷，自燃火药，焚烧营寨，同时毙命者无算。两月前库车贼兵未到和阗[2]城时，华官欲将和阗回众悉数歼除，恐其倒戈相向也。及库车兵至，华官与兵亦自焚死。而和阗回众，欲自握兵权，立虎必布拉老将[3]为主，差人赴霍罕告急，求兵救援。维时霍罕回主，正与俄国构兵，特遣噶查后裔名布苏格[4]者，偕阿古柏率兵赴和阗弹

[1] 陆希武田，又称热西丁、拉锡丁，库车人，原为该城掌教阿訇，1864年组织教众反清，残酷搜杀异教徒，一度攻占乌鲁木齐等地，后被阿古柏势力攻杀。参见刘维新主编：《新疆民族辞典》，乌鲁木齐：新疆人民出版社1995年版，第204页。

[2] 和阗，今称和田。

[3] 虎必布拉老将，今称哈比拉布，本为和阗清真寺法官，在乱中被反清回军推举为“帕夏”，攻占和阗等地，后与阿古柏相左，兵败被杀。

[4] 布苏格，今称布素鲁·和卓，新疆和卓家族后裔，本为张格尔之子。张格尔反清失败被杀后，布素鲁逃亡浩罕国伺机复仇，1865年在浩罕国主的支持下同阿古柏侵入新疆，与阿古柏争权，意图分裂自立为王，因才能较低、耽于享乐和阿古柏的刻意控制等，没有实权，终被阿古柏所废。参见陈永龄主编：《民族词典》，上海：上海辞书出版社1987年版，第259页。

压。夫阿古柏，霍罕将军也，屡与俄兵接仗，霍罕回主加古世白金勇号，以示宠荣。译古世白金，即信用之谓也。未到喀什噶尔以前，华官所带各营中有东干回兵七百名。华官惧为内应，设宴诱之，枪伤其命，几无遗类。

是时，喀什噶尔之南，有回人名席第[1]，而为中国小官者，率其同类，抢夺喀什噶尔老城，围困新城。正值布苏格与阿古柏大队至矣，喀什噶尔回人以布苏格为噶查后裔，无不出郭相迎，即席第亦中心悦服，而愿归于麾下焉。惟叶尔羌人不服，故东干与库车之人，潜约阿古柏先取叶尔羌境地。阿古柏辞布苏格，竟取叶尔羌。既取叶尔羌，仍回喀什噶尔。而华官所守之新城，被围一年有余，粮尽难支，亦放火自焚，事在一千八百六十五年十月间也。

嗣闻叶尔羌东干回变，阿古柏驰往克复，思欲计取和阗。而和阗守将虎必布拉，知阿古柏为人险恶，更甚于畏东干回人，密遣人求救于印度总统，未如所愿。乃阿古柏伪与虎必布拉议和，虎必布拉入其彀中，而和阗城为阿古柏所有矣。撤兵回叶尔羌，进取阿克苏，势如破竹，而乌什与库车两处，俱闻风投降阿古柏，直将陆希武田昆季全家灭尽，得胜而回喀什噶尔，权势倍尊。布苏格昏于酒色，军民嗟怨。阿古柏逐回阿拉皮国，而席第亦为人所戕，于是阿古柏独霸为王矣。

[1] 席第，今称思的克，生卒年不详，据称为柯尔克孜族人，在同治新疆动乱时扶植布素鲁一派，意图自立为王，但后被阿古柏排挤出喀什噶尔，故举兵反击阿古柏，亦曾联络清兵共击阿古柏，然因叛服难定，不受清军信任和支持，最后寡不敌众，败退无力再起，终老于家。参见《新疆民族辞典》，第394页。

当斯时，阿霸科尔[1]国主，即主持谟教者，其教王赠以阿得立格西名号[2]，译其义为谟教之护法也。事在一千八百六十八年至六十九年，稍获平安，惟与俄国争耐令江界址耳。俄国自责守界之官，怪其肇衅，而阿古柏则自斩其守界之官矣。一千八百七十年春间，吐尔番[3]人协同乌鲁木齐人与喀喇沙人克复库车，将取阿克苏。阿古柏闻知，调兵恢复库车，并喀喇沙而亦有之，催兵前进，为吐尔番人所败。四路增兵。于一千八百七十一年春，战得吐尔番。缘迪化城兵会同吐尔番人，合战阿古柏也，迪化兵见吐尔番陷，亦不战而服也。至此乌鲁木齐倡乱之东干回逆，渐即消亡。虽有余孽，皆逃往镇西，即巴理坤[4]与哈密两处而匿迹矣。阿古柏命其子镇守迪化与吐尔番城池。天山南路一带，尽归阿古柏掌握之中，仅余沙漠之西之哈密镇西耳。此东干回匪谋叛中国，官军未及剿除，而早为霍罕人所灭。阿古柏，霍罕人也，所用宰臣武将，亦霍罕人居多，其强悍更甚于东干回逆。

---

[1] 阿霸科尔，从音译上似指Ottoman Empire，今译奥斯曼帝国。但据编辑提醒，根据史事和《万国公报》第428期载“阿霸科尔其地与霍罕比邻”，从逻辑上推断似指布哈拉汗国，Khanate of Bukhara，今译布哈拉汗国。不过，二者音译差距明显。经社科院边疆研究所师友的提醒，林乐知可能是参考了察合台语的音译i Bukhara，继而汉译成“阿霸科尔”。目前无更精确的考察，姑列如此，以作参考。

[2] 阿得立格西名号，Athalik Ghazi，今译阿塔勒克哈孜，意为“信徒统领”。参见包罗杰著，本馆翻译组译：《阿古柏伯克传》，北京：商务印书馆1976年版，第151页。

[3] 吐尔番，今称吐鲁番也。

[4] 巴理坤，今称巴里坤也。

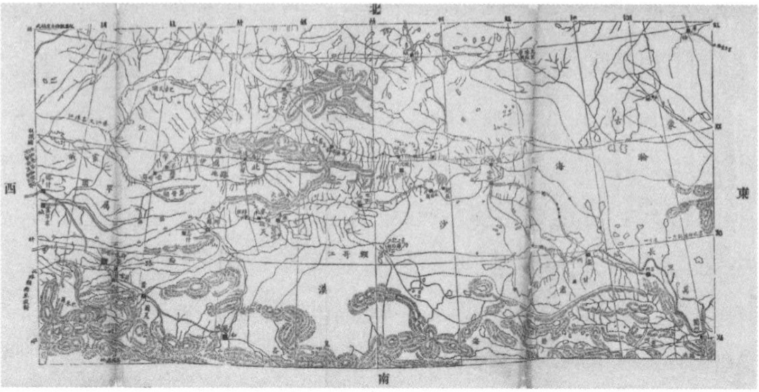

附图

图说：此图是西域图，依英国伦敦算起，七十二经度至一百零四经度，共计三十二度，每一百八十里为一度。计纬度，自三十六纬度至四十四纬度，亦一百八十里为一度，长五千七百六十里，宽一千四百四十里，其中将天山南路、天山北路要紧地方写于图内，小地不记。图中线有高下者为山，双线有湾曲者为江，单线绕迳者为路。从嘉峪关起（其嘉峪关在肃州相近）至哈密一千四百七十里，从哈密到辟展九百十里，从辟展到土尔番二百四十里，从土尔番至喀喇沙拉八百九十里，从喀喇沙拉至库车九百六十里，从库车到阿克苏六百九十里，从阿克苏到叶尔羌一千二百六十里，从阿克苏朝北到伊犁城九百五十里，从阿克苏向西到乌什二百八十里，从叶尔羌至喀什噶尔四百二十里，从库车朝西南至和阗八百里，从喀什噶尔至北京有一万余里。若报事由马递进京，须于二十七天至三十五天方到。若经骆驼运货，非五六月期不可。其图之西北角是霍罕俄国之地，其西南是英国印度之地，西南角之山是葱林山，正南之山乃昆仑山，中乃天山，现在此路之兵事可看论中一一便知。如欲知路之远近，则可看图易识底细。

六、论西域关系情形[1]

阿古柏战退各部回逆，于今十有三年矣，所据之地，由天山南路之西，即喀什噶尔与吐尔番、乌鲁木齐以及哈密交界之所。截长补短，自西徂东，计长三千六百里，宽一千二百里之多，北为天山，东为沙漠，南为昆仑，西为葱岭。阿古柏独霸为王，约束本地土人，极为严刻，出一谋，决一策，除师心自用外，非霍罕人不能妄参末议也。即设官选将，亦霍罕人居多。各部落土人，有不服者，其在斯欤，惟所征钱粮等款，与中国当日无殊。自一千八百七十一年以来，五年之中，俨然自为一国，且深得结纵连横之法也。其结连之法，盖有二焉。一系同教相亲，如土耳机与阿霸科尔及霍罕等国，皆奉苏利回教者，志意相孚，情逾骨月。他如英俄印度，则又以通商而联其势矣。近闻，中朝命将出师，攻取其地，虽华兵未过哈密，而阿古柏实无畏心，其所畏者，俄国耳。与俄通商，本非所愿，当日阿古柏与俄交仗，身中弹伤五处，创痕犹在，心实衔之。于一千八百六十八年，俄国勒令通商，阿古柏辞云："予在世不过五年之久，请俟五年后，惟命是听可也。"俄国不允。一千八百七十二

[1] 本节底稿出自林乐知《万国公报》之《中西关系略论·第二十一次论西域关系情形》，见《万国公报》（第四册），第2253—2256页。

年，遣价谓之曰，通商则和，否则战。阿古柏迫不得已，与之立约，此通商所由始也。其约中所定条款，凡天山南路各城，任凭俄人出入，纳税与回人一律，盖四十而取其一也。经理税务，俄人主之，途中运货，当按站建屋，以便客商与骆驼住宿之地，然不得与他处商人公共也，阿古柏各属运货入俄，亦同此例。通商至今，尚无嫌隙。

其与英国通商也，于一千八百六十八年，英派人履勘地势，可否通商，面见阿古柏，道及印度，愿与和好通商，阿古柏大喜。英国所派勘地人员，于一千八百六十九年回国，沿途俱有笔记。随后阿古柏亦遣使赴印度，其所遣者，即其侄，名茂沙沙第[1]，前曾出使俄国者也。命之曰："此行当在印度，选购洋枪火药，延请造枪名手，相与俱来，教诲本地人民，仍宜请英国派员偕行。"至喀什噶尔面议与印度通商事宜，茂沙沙第受命而往，面谒印度总统[2]。总统传英主之命曰："尔主与俄通商，勿令失和生事，本总统亦愿尔主与予同心和好，所有往来商客，各宜保护平安。"送其铜帽子若干，火药若干，又云欲请造枪名匠，则听其自行择请也。至一千八百七十年，茂沙沙第回喀什噶尔时，印度总统特差佛萨斯[3]与之偕行。佛

[1] 茂沙沙第，Mirza Schadi，今译米尔扎·沙迪，阿古柏的亲信，曾代表阿古柏勾结英印当局。参见《新疆通史》编撰委员会编，董志勇等译：《英属印度的北部边疆（1869—1895）》，乌鲁木齐：新疆人民出版社2014年版，第47—48页。

[2] 印度总统，指当时英国驻印总督梅奥（Mayo，1822—1872），出身爱尔兰贵族，1869—1872年出任印度总督，执行种族歧视政策，谋划侵夺中国新疆，1872年被阿富汗人刺杀。

[3] 佛萨斯，Douglas Forsyth（1827—1866），今译道格拉斯·弗赛斯或福西特，英国人，1870年和1873年两次访问阿古柏势力，送去大量武器等援助，是分裂新疆的重要帮凶之一。参见李盛平主编：《中国近现代人名大辞典》，北京：中国国际广播出版社1989年版，第786页。

萨斯者，即上年在缅甸议清界址人也。至喀什噶尔，正值阿古柏领兵出境，收复克沙拉与库车时也，佛萨斯未便久羁，即回印度。至一千八百七十一年冬，阿古柏凯旋，闻印度有官降临，未获谋面，恐开罪于印度总统，又差一人，名阿喇，驰赴印度，告以带兵远出，并克复境地之事。阿喇于一千八百七十二年秋回喀什噶尔，覆称印度总统无见罪处也。阿古柏又差内亲，名新得阿固，为公使，命以两事，一见土耳机王，即如苏利回教之格立夫也，请封阿古柏为喀什噶尔回教之主；一赴印度，请派大员来喀什噶尔，面订通商各件。新得阿固由印度至土耳机京城，维时一千八百七十三年夏也。土耳机王封阿古柏为天山南路一带地方之阿密儿[1]，阿密儿者，译其义，即尊之为谟罕蓦德后裔耳。故现今阿古柏全衔为哈米填·谟罕蓦第·加齐阿密儿·阿古柏王也。于一千八百七十三年九月，折回印度，小住两月，仍偕佛萨斯至喀什噶尔，与阿古柏立定通商和约。当斯时也，阿古柏既与邻国相联矣。中国欲进兵恢复其地，其中果否无阻碍欤？况英俄与彼通商，著有成效。中朝大兵压境，英俄两国，其乐从耶？否耶？抑视同局外，而置之不闻不问耶？试论之。

俄于天山北路，据有伊犁，非本心也，缘乱事频仍，不得已以兵守之，为保护通商计耳。中国能发兵前往，芟

[1] 阿密儿，Amīr，阿拉伯国家的贵族称号，意为“统帅”或“长官”等。此称号是1873年奥斯曼帝国苏丹阿布杜勒·阿齐兹〔又称马哈茂德二世（Abdulaziz Oglu Mahmud II）〕所封赐的，意在让奥斯曼帝国成为阿古柏政权的宗主国，从中渔利。阿古柏接受封号，表面臣服，实则反向利用，意在获取奥斯曼的军事和经济等物资支援。不过阿齐兹对内独裁专横，横征暴敛，1876年被废逐，致国纷乱。阿古柏遂失其援。

尽乱萌，俄亦何难退让乎？至于天山南路，二千年前，在罗马朝时，相沿至今，由里海、基法、霍罕而至中原，本属通商旧路，而于俄国最为便利。今俄兵征守，亦只欲于通商旧路，而广为开拓，以扩生意之途。较之天山北路通商，尤为紧要而更利也，俄岂有并吞之见，而欲占其地乎？且也一千八百六十九年，英俄会议此间乱事，曾派佛萨斯驰赴俄京。问俄国大臣，作何筹画[1]，俄国大臣谓佛萨斯曰："请覆印度总统，贵国于公使赴喀什噶尔时，转达阿古柏，即云俄国与中朝早有和约，以喀什噶尔为中原之地，志在通商，实无夺取之心，请阿古柏无庸系念云云。"嗣后英公使，即以斯言告阿古柏，而阿古柏疑而未信，是以俄商于中途常有阻滞难前之患也。延至一千八百七十二年，俄国又遣使勒令柏古阿[2]通商，如再支吾，则兵临其境。即上文所云，通商则和，否则战也。由此观之，俄不过欲通商无阻，故认喀什噶尔为中原之地，非但华兵入境，无所顾忌，且愿中原大国，永远镇守，较之力弱小国，不堪勘乱者，更为得意也。此俄国情形，大略如斯。

若夫英国，其通商之意，亦与俄同，惟是天山南路，中国未失之先，英国生意未得畅行。今若为中国恢复，或仍遵前禁，何取乎为中国有耶？抑中国克复斯土，执该处人而尽屠之，则人亡地荒，生意全无，殊属可惨，又何取乎为中国有耶？英于此时，中国能得此地与否，英国无甚介意耳。虽然中国复其地，而与英国通商，较之俄国得其

[1] 筹画，同"等划"。

[2] 原文如此，根据句意当指阿古柏。

地，而与英国通商，同一通商也，而税例相去悬远矣。中国税例百分中只取其五，俄国税例则于百分中而取其四十。英又不得不亟望中国早为克复，而受通商之益。此英国情形，大略如斯。

总而言之，英俄两国通商而外，无须争地争城。中国如解去疑团，调兵前进，一复其地，悉照阿古柏通商之例，与英俄一体通商。英俄两国，何说之辞？况英俄俱有钦差驻扎中国北京，总理衙门大员，奏请就近先定通商条约，则华兵至喀什噶尔，英俄虽不袒护中朝，而亦万不肯从中作梗也，此非中国克复天山南路之好机会乎？然所谓好机会者，更有在也。华兵攻取喀什噶尔，正俄兵攻打霍罕与阿霸科尔之时，霍罕与阿霸科尔回民，念阿古柏同教情深，思撤兵而来援，恐自顾不暇，何能顾人耶？则阿古柏孤军势弱，必败走而回霍罕。而霍罕已为俄国所有，不又自投罗网乎？当阿古柏挺[1]而走险之际，中国乘此擒之，易事也。倘失此机会，不早进兵，将见霍罕与阿霸科尔为俄国所得，两路回众，或不服于俄，而投喀什噶尔。与阿古柏协力而战华兵，恐中国鞭长莫及矣，即使霍罕与阿霸科尔不为俄国所得，中国能得喀什噶尔，不过敷衍目前而已。华兵一撤，各路匪氛，依然揭竿而起，则中国西陲军事，不将无已时耶。此时机会，实俄国不助之助，中国安可失乎。且而中俄交界之处，由天山南路至黑龙江万里程途，保无不法之徒，杀越人于货者。中俄皆强大之国，彼此肃清回孽，界内安平，永远通商，岂非万全之幸乎哉？此中西关系大略情形也。

[1] 原文如此，根据句意当为“铤”。

七、总结前论[1]

前总论中西关系情形矣，而关系之见于外者可知，关系之蓄于中者难言也。盖兴衰无两立之理，天生人而为万物之灵，望其能兴而已。其在自甘暴弃而居人下者无论矣。即具有为之资，而画地自限，已伏衰败之机，然所谓兴者，亦未可一概论也。天下之大，有兴者，有不兴者，即一国之中，兴者有人，而不兴者不知凡几。因知天生人不一其类，总计之有五等焉。其穴居野处，以猎取禽兽为生者，谓之野人，如西国之土人，中国之生番生苗是也。其稍加一等者，谓之牧人，求牧与刍，以终其身，如蒙古之游牧是也。其有耕田凿井而谋稼穑之事者，则驾乎野人、牧人之上矣。饱食暖衣，一变而知当然之理，而群思

[1] 本节底本出自林乐知《万国公报》之《中西关系略论·第二十二次总结前论》，见《万国公报》（第四册），第2281—2282页。此节完后，林乐知在其后说："附启者：以上所印《中西关系略论》，不日编辑成书，另成一卷，以供诸君子一览。"且林乐知想接着《中西关系略论》继续刊论"泰西各国交涉事件"，理由是"泰西各国交涉事件亦有关系之处，虽与中国无涉，究不得谓与中国绝无关系也，不过关系稍远耳。本馆主暇日再行略论，登诸公报可也"。不久，林乐知在《万国公报》上续作《强国利民略论》系列文章，称："本报前论中西关系之后，满拟将泰西各国关系而附论之，然词未竟而意尤未伸，义未尽而情仍未已也。《中西关系略论》中不尝云富强之事乎？第不过连类及之而非切实言之。"故《强国利民略论》可算是《中西关系略论》的扩充或者补论。参见《万国公报》（第四册），第2538—2541页。

就范者，规矩中人也。再变而于规矩之中，出人头地者，非明道之人哉。此五等人皆天所命，而望其能受教者也。夫操教化之权者，断非野人、牧人与耕凿者流所能胜任也，必也其明道之人乎。

明道之人多，则野人、牧人必少矣，其所以少之之故，未始不由于争也。其所以必争者，或自负梗顽之性，可胜教化之权，抑或视教化之权，不敌卤莽之习，而究之逆者终亡，顺者终存耳。由此而观之，中国物非不齐也，人非不灵也，而未可遽言兴者，明道之人虽有其权，而从而挠之者，阻其权，抑其权，此非以己之私见，逆天之所命耶。于是国势不兴，将欲归咎于物，而物不受也，归咎于天，而天不受也，是直人之过而已矣。夫人逆天之过，盖有三焉。一则刻舟求剑，泥成法而不知更新；一则以有定之主宰，而惑于杳渺虚无之事；一则置万有之物，不知格其理而视之若无。以中国之大，而甘于如此，局外旁观者，不禁讶其奇而惊其异也。譬之大树，枝叶既已蓬蓬，果实自当累累，而人不敢就而食之者，徒以有大蛇盘旋其上，近之者恐其有啮人之凶。

此大蛇者，其即中国风水之谓乎，局外旁观者，欲去其大蛇，而修其枯枝，培其根本，令果实日见其多，不致日有所减，岂不甚善？乃昧昧者犹以为不然，岂非掩耳而欲有所闻，面墙而欲有所见哉。局外旁观者，欲救人出水火而赠以衣食，解倒悬而给以衽席，指迷途而示以周行，起沉疴而施以妙剂，人将谢我之不暇，谅无有议其非者。即如今之明道诸达人，欲革故鼎新，而兴其国，本馆主即以中西之关系论之，不惮烦言，正欲扩其所见，而坚其能行之志耳。而况天之所重者人，人之所主者心，心之所尚者爱，爱之所包者中西一家。中西一家者，不外一和，和爱两字，于本馆主有深契焉。中国能照本馆之论，推而行之，将见中国之物不虚生，中国之人大有用，而中西之交益以深也。阅本馆之论者以为是，本馆主不以为荣；阅本馆之论者以为非，本馆主亦只自尽其爱人如己之心云尔，于人何求哉。

八、补中国宜招抚喀什噶尔之阿古柏论略[1]

中国兴师西域，其大略情形已载前论，但霍罕现为俄国所有，喀什噶尔之阿古柏又与俄国立通商政事两约，俄国于此与中国有无关系，未可知也。当此时也，中国似宜招抚，不必进剿。补论一则，未识阅者，有同心否也？

前闻西陲军务，有失利之谣，明知言属无稽，故未登报，恐其有乱人心也。惟本馆前作《中西关系略论》中，曾论及喀什噶尔滋事情形，并将西域舆图，刊登公报，俾阅者一览而知也。按喀什噶尔一隅之地，自中朝收入版图，并无大利，屯兵耗饷，所费不赀，洵不足为中国取也。况逞事之徒，藉端滋扰，经阿古柏平复之后，中朝忽又劳师远出，视阿古柏如寇仇，必欲灭此而朝食焉。此阿古柏所为有抗拒官军之举，而与官军争胜负矣。然既命将征兵，出关剿贼，即当火速前行，攻其无备，亦何尝不可制胜哉？且也俄朝攻取霍罕，正阿古柏进退维谷之时，乘此机会，华兵斩关而入，擒其首逆，释其胁从，恢复故地，亦计之得也。斯言也，早

[1] 本节底稿出自林乐知《万国公报》之《中国宜招抚喀什噶尔之阿古柏论略》，见《万国公报》（第四册），第2707—2708页。

于《中西关系略论》中言之矣，乃计不出此。

霍罕经俄朝征服，其有恃强不服之流，窜归喀什噶尔，而与阿古柏合兵一处，华兵不从此受敌乎？夫阿古柏，劲敌也，虎而生翼，岂易强之使服耶？予不得不为中国惜也，而幸也西报尝言曰：阿古柏形虽同于叛逆，心实顺于中朝。本馆又当为中国劝矣，盖梗化者示以威，归心者怀以德，以喀什噶尔为西域之屏藩，即以阿古柏为喀什噶尔之盟长，道途可代为肃清，萑苇[1]可使之永靖，于中国何不利之有哉？于是节其官俸，省其军需，互相通商，依然照旧，而且各省厘金，逐渐裁减，裕国裕民，岂非一举而两得乎？斯时也，俄朝修理道路，整顿商情，盗贼泯迹，商贾如归，实于中国无阻碍也。乃必欲老师縻饷，驱兵民于锋镝之前，争此无足重轻之地，虽督兵大臣精明韬略，能运筹帷幄之中，而兵饷不继，士卒不前，谓其可决胜于万里之外，势必有所不能。即或一鼓荡平，势如破竹，而凯撤之后，每年耗销国帑，设官养兵，究不知何所取义，而兴此兵戎也。但旁观所论如此，而于中朝得地为荣，失地为辱之例，则未暇计也。刍荛之言，是否有当，愿当轴者妥为裁度焉。

[1] 萑苇，蒹长成后为萑，葭长成后为苇，合称多指水草。

卷四

一、录《局外旁观论》[1]

前卷《中西关系略论》，知我者谓我推诚布公，以亲中国。议我者必谓我干预中国事矣，而不知大公无我者，本馆主人之实心也。既有一知半解，而不为友邦进忠直之言，尚得谓之和好也耶？是以无分畛域，知无不言。有识者阅之，谅不我咎也。况赫总税务司德[2]先有《局外旁观论》，与威钦使妥玛[3]有《新议论略》，俱洋洋数千言，为总理衙门陈之，亦无非本睦邻之意，以期与中朝永敦和好耳，岂有他意哉？可见本馆之《中西关系略论》，或异或同，或同而有异，或异而有同。阅者自能辨之，无待本馆主赘述矣。谨将《局外旁观论》印登于左[4]。

[1] 本节底本出自林乐知《万国公报》之《中西关系略论·再录〈局外旁观论〉》，见《万国公报》（第三册），第1612—1617页。次序本在《论谋富之法》篇后，汇集成书后，林乐知将其调到附录。

[2] 赫德，Robert Hart，今译罗伯特·赫德（1835—1911），生于英国北爱尔兰，1854年来华，历任粤海关、江海关税务司及海关税务总司，1908年返英休养，1911年去世。

[3] 威钦使妥玛，即时任英国驻华公使的威妥玛。

[4] 林乐知转录《局外旁观论》《新议论略》，可与清廷所编《（同治朝）筹办夷务始末》之《局外旁观论》《新议论略》原文相对比。参见《（同治朝）筹办夷务始末》第10册，卷40，香港：蝠池书院出版社2006年影印版，第3767—3815页。林乐知收录时，在保留大意的基础上，对原文字词有个别改动。

局外旁观论　北京总税务司英国人赫德

一[1]矮人之于长人肩上，所见必远于长人，庐山真面目，惟在山水外者得见其全，旁观敢抒所见亦然，或效一得之愚。

一论事必察真实，始能扼要；以虚为实，所论浮夸；以实为虚，所论无确。况事情之与日变通，劝行之道，贵因乎时，惟望当局者采听焉。

一立论贵乎实。所论中华，自有纪载以来，历数千年，莫古于中国。而自四海各国观之，莫弱于中国，事之真也。自古不通于外国，近数十年各国渐渐与中国往来。若欲闭关拒绝，原所不易，情之变也。不此之计，而所谓立言施行者，果何所主哉？

一论中华情事者，一曰内情，一曰外情也。今日之外情，系由前日之内情所致，而日后内情，亦必由外情所变。

一内情局外难言，旁听者只可转传。如律例本极允当，而用法多属因循；制度本极精详，而日久尽为虚器。外省臣工不能久于其任，以致尽职者少，营私者多；寄耳目于非人，而举动未当，供贪婪于戚友，而民怨弗闻。在京大小臣工，名望公正者，苦于管辖甚多，分内职分反无讲求之暇。部员任胥吏操权，以费之有无定准驳，使外官清廉者必被驳饬。如是，而欲民生安业，岂可得耶？各

[1] 一，原文如此，疑为分段符号，后文同。

省筹划款项，动逾万万，而兵丁欠饷，竟致累月经年。兵勇之数称千百万，按名排点，实属老弱愚蠢，充数而已。平日挑抬营生，未经训练，一旦令其战阵，实驱市人而使斗，以刀矛为耒耜。驻防人等，平时拉弓举石，只讲架式，股肱怠惰，只得养鸟消遣。贼至未决一死战，而全家自尽请恤矣。对敌之时，贼退始皆前进。贼如不退，兵必先退，带兵官且以胜仗具报矣。乃杀一二平民，或由贼去而遇未剃发之村农，且以斩馘发逆无算，入告邀功矣。

通经原为致用，而今之士人，书籍非不熟读，诗文非不精通，使之出仕，而于人所应晓之事，问之辄不能答。一旦身居民上，安能剔弊厘奸，定制为上下所遵守？如居官者回避本省一条，系为防弊而设。然人品岂无正直，原籍情形既熟，言语皆通，名望所孚，乃格于成例，而使官别省，俸满即行升调，于地方公事未及深究，胥吏反得久踞衙署，以售其奸。年满更换之说，尽属虚语。此例所欲禁，弊即由此例而生。禁止邪教，原为崇正，乃各省以神灵显佑，奏请匾额者屡屡。各省拨款迭催，而民言剥皮。及至大小所需，饬令捐备，例不准销，是令舞弊也。法本善而反恶，种种非是，以致万国之内最驯顺之百姓，竟致处处不服、变乱。吁！事不以实，而徒饰虚文，可乎？

一旁观者论内情。文武各事之行，尽属子虚。执法者，惟利是视；理财者，自便身家。在上者即有所见，亦如无见。远情不能上达，上令不能远行。以上各情，局外常论中国以此懦弱。若不振，有窥伺之意，即内与外往来者，连闻其说，难保无藐上不服作乱之害。

所言今日之外情，由昔日之内情所致。何也？中华土产，本为外国所缺。外国各货，内地可销，由此有通商之举，其势日密。居官者初视洋人以夷，待之如狗。人来日多，身物无可倚恃，必须定章，方有可凭。是以道光年间，始动干戈，嗣有条约，均以日后必要为善[1]。惟条约所允，地方常有违背，今[2]洋人疑怀上司不知所致。而上宪不悟，无奈复动干戈，得有随时赴京明文方息。迨后因可赴京，以为更妥，乃大臣初次北上，仍以夷相待，违约阻止，复致兴兵，在京换约，派常驻之大臣，致有庚申年之事[3]。似此文事，皆由智浅而欲轻人，力弱而欲服人。现在某事当行，某事不当行，已有条约可凭。一经背约，即有问故之患，所言外患由内召此也。兹仍贸贸而行，必启外多进一步之衅。

一外情系内情所致，而外情何也？前数十年，中国与外国并无往来，亦无所谓章程，且中国或不知外洋有如许国。现在议定条约，有十国之多。驻京有外国所派大臣，新设有衙门[4]专办各国事务。且数年前几次有事，可见外国所请以力，可得通商条约，非中国本意，系由外国而

---

[1] 此处指道光二十年前后爆发的中英鸦片战争，又称第一次鸦片战争。战后清政府被迫签订近代第一个不平等条约——《南京条约》，开始沦为半殖民地半封建社会。鸦片战争爆发的原因，主要是英帝国要强行打开中国大门进行商品倾销，与大清朝维护旧有体制的矛盾。此外，还有文化观念、政治军事等方面的冲突。英国长期向中国走私罪恶的鸦片，激起人民正义的禁烟运动，成为战争爆发的导火索。就英国人赫德所论，鸦片战争前中国以“夷狄”贱视外人，以致外人衔恨，大体属实，但遗漏了英国走私鸦片之要节。

[2] 原文为“今”，根据文意，当为“令”。

[3] 此处指第二次鸦片战争（1856—1860），这场侵华战争由英法以“亚罗号”“马神甫”事件为借口主动挑起，俄美从旁协助，最终英法联军侵入北京，火烧圆明园，强迫清政府签订城下盟约，以图进一步打开中国大门。战后，清政府被迫签订了《天津条约》《北京条约》《瑷珲条约》等一系列不平等条约，丢失了大量领土和主权利益，殖民化程度加深。赫德所称“得有随时赴京明文”，指1858年《中英天津条约》第四、第五款规定外国公使可随时进驻北京的权力。

[4] 衙门，指第二次鸦片战争后设立的总理各国事务衙门，简称总理衙门，至清末改为外务部，主要处理涉外事务。

定。外国定约，系因保全来往之故。各国来往之故不同，为通商有三大国，而定约之要又有三：曰边界，曰传教，曰贸易，而其国为俄、法、英也。

至边界一节，俄国与中国有万里之相连划界，办交涉事件，非有定章不可。是以俄国往来，较列国为早。现在定约边界，已与昔年不同。

至传教一节，奉天主教及耶稣教者，以此为正，以别教为邪。传教者皆谓尽此之本分，而使益于彼。传耶稣教者，非止一国之人，且小有不同，皆系民间捐资，令往各处传教，以为善举，与国家无涉。传天主教者不同，各国之人皆有。然教内有教皇，统辖各处传教之人，与各国君为平等。而各国以天主为教之国，皆当为之护法，奉此为国教。而法国为首，通商各条约内，皆有准传教并保护奉教章程。奉教者交接周密，无处不听传教之言，传教者无不奉教皇之命。传教内有故，奉教各国必来调理。即如法国，因广西有害死传教之事，致派兵直抵京门[1]。

至贸易一件，各国虽有分，而英国为首。论贸易之事，不过以货纳何税，何处作口岸，何处准居住等语为要。有章程可凭，各国皆有着落。若一违章，均与各国有关，不得轻视。以上三节既定有条约，必应于边界循照旧章，必应准传教而保护奉教，必应于贸易遵守各章。此数言系保外情。

[1] 此处指1856年马神甫事件，又称西林教案。1852年法国传教士马赖（Auguste Chapdelaine），受巴黎外方传教会派遣，到西南传教，1855年潜入西林，据清朝官民称其曾包庇不法教徒为非作歹。1856年西林知县张鸣凤将其处决，此事成为法国发动第二次鸦片战争的重要借口。在《中法天津条约》中，法国强迫清政府允许天主教传教士在内地游历传教、买房置地等，进一步刺激了近代教案纷争。

一外情如此，照办与否，于内情有何关系？

一民间立有合同，即国中立有条约。民间如违背合同，可以告官准理；国中背条约，在万国公法，准至用兵，败者必认旧约，赔补兵费，均外加保方止。中国初次与外国定约，并未以条约为重，不过聊作退敌之策。至今万众之内，或有一二人知有条约，然未识条约之重，未知违约之害。

一照约办理，内情如何？曰民化而国兴。外国所有之方便，民均可学而得。中国原有之好处，可留而遵。外国之方便者，不一而足，如水陆舟车、工巧器具、寄信电机、银钱式样、军火兵法等，均极精妙，国民与沾其益。愿学者皆能学，故曰民化。中外来往日多而敦好，外无多事之扰，内有学得之益，故曰国兴。

一不照办如何？照办则年比年相识，日比日相亲，民化而国兴。若违章大不同，乃有动兵之举，国乱之灾。旁观皆言违约者，或因不肯照约，或因不能照约。若因不肯，必至有出而勉强者；若因不能，必至有起而代行者。前次动兵，可见泰西最小之国，尚有必得之力。或者边界有事，俄国何难占地？若教内有故，致由外进兵，奉教者何难相助？若贸易有阻止，而英国进兵，各国必从。一经动兵，外国有得无失，是以当留心而免之。常闻外论中国官民，可以利动。势处极弱而不守信，若再有动兵之事，成败得失，不待智者而决。是以或有应办，或有请办，不如早办，不致日后为人所勉强也。

一内情坏至此，外国险至此。内事，旁观者自不敢多劝。已有章程，旁观者只可指出内外必欲办之事。

一内所应行，其难办首在无财。然无财非因民间真无财，亦非因理财所得之少。惟官之下取于民者多，而上输于国者少。民力亦肯多输，难在无财，是以各项钱粮均应整顿。即如盐课、地丁、税饷[1]之项，各项应派明干大员，将各处情形细查，从新定日后之办法。其地丁一项，本系甚轻。无人耕地，自无地粮。既耕地，粮本轻，或可照土产贵贱，分别征多征少，浮耗当去而正供自增。其盐课一项，无私盐之处甚少，而办盐之员未尝无财。其税饷一层，沿海各口，内地各关，均有饱私囊而漏公项之弊。以上三项，若认真整顿，日后所得之银，可敷国家之用。钱粮之外，应派大员查察。如旧例之应变通删改者，不致于日后应办之事有窒碍。财既得而例无碍，文武各事，不难更正。

文之要，惟各官俸禄。各等官员，应予以足敷用度定数，不致再外设法得钱，升官加俸。查明署内应用人若干，并开销经费。官署各人虽数不少，向系均得度日之银。左右之民均言被勒，其民不服，并非因被勒之多，因无定时、无定数而系私取。若因国家用度，新定民间应纳各项银两，必无不服。所交之银，并无格外为难，反或较少，仍足各官重禄，各署定费。若此意向外任询问如何，均不愿，必答不行。兹法实益国政，岂有外不遵内而必以内听外之理？

武之要，在兵精，不在兵多。兵法、兵数、兵饷均有应改。各省若有兵五千人，常留营操练，不准出外谋生。十八省不过九万之多，此时[2]百万不得力而省。京都只养一万之数，此费可于洋税扣满四成之数支销。再，文武应

[1] 税饷，一般指内外商业关税。

[2] 原文如此，《筹办夷务始末》在“此时”前加“比”，意思更通顺。

准本省居官。为官系明理之人，在本省熟悉风俗语言。署内有舞弊，较外省来人更易查出。其余一切事宜，日后可设法，随时整顿，必致国安民富。

一凡有外国可教之善法，应学应办。即如铸银铸钱以便民用，做轮车以利行人，造轮船以便涉险，置电气以通信。外国之好法，不止四条。然旁观劝行之意不在此，系在外国日后必请之事。

一大皇帝召见各国驻京大臣，若不允见，虽不便遽至失好，恐必藉他端而生事，不如先告以可见。

一命大臣驻扎外国，于中国有大益处。在京所驻之大臣，若请办有理之事，中国自应照办；若请办无理之事，中国若无大臣驻其本国，难以不照办。

一准洋商合华商会制轮车、电机等事。

一以上所劝行，系将旧例、地丁、盐课、税饷、官俸、兵制整顿外，系召见、命使、会制。召见无损，命使自护，会制民富。

一内外所劝行者，若云非一日能好，然愈早则愈好。惟应另有数事，立应料理。若不将此数事办完，想办余事，恐晚船将沉，白日不及修矣。

一潮州进城之事。经五年之久，文书往来，至今领事，未曾进城，而事愈久愈难。多年不照条约办理，均言或以未肯，或以未能之故。兹再不办，必致生事。

一系田提督[1]未拿上次所录上谕，与先数日给驻京大臣阅看之稿，有不同之处，以致几生衅端。虽奉有谕旨，若知其人仍安居无事，后办此案，不足行事。至其未完各事，不如早了。

一未了各事，劝早料理者，非他，倘不早了，必致兴动干戈。无不知中外交兵，外有必胜之势，若败而始了各事，外必不能以此而罢兵也。外所欲得之事，现已深知，若再战胜，其事更不可问矣。

一旁观所论，并非恐吓之轻语。而外日后，必引各事，并非欲害中国。各国所欲，并无他意，惟愿中国能守和睦。如上年照约退兵，各处会同剿贼，可见实心相待之意[2]。中外通商，若以后不再动兵，外亦甚悦。即如求益免损，各顾体面，各国往来，常有因此等事，而用兵也。若潮州并田提督二事，实有此情。若仍因循不办，必致生事，生事则不了矣。

一潮州进城一节，事关大局，宜派大员往办，或请

[1] 田提督，指时任贵州提督兼署巡抚的田兴恕（1836—1877），清廷青年将领高官，因忿恨传教士在贵州的横行不法，甘愿冒险，斩杀多名法国传教士及不法教徒。以法国为首的欧美列强逼迫清廷立即处死田兴恕，以儆效尤，并借机反复恫吓。清廷念其战功和得民心，不愿杀之。在中外的博弈下，田兴恕留得性命，但丢官去职不再叙用，最后郁郁而终，后世留有田兴恕故居。

[2] 此处指清政府和欧美列强联合扑灭太平天国史事。太平天国战争爆发后，欧美列强屡屡刺探和接触，意图太平天国满足其特权要求。但太平天国意图在外交上保持自主，不愿接受列强的不平等特权要求，最终与列强决裂。清政府则以承认两次鸦片战争以来的不平等条约，换取了政权的苟延残喘和列强的倒戈支持。两派联手，最终合力绞杀了太平军。

旨命广督[1]前往，或命李宫保[2]前去。至田提督一节，不如由京派大员，跟兵役数名，内江轮船，直赴川查提到案。二事尤宜速办。数日后新到英国大臣，若知有五年未办之事，难以再待将就。法国因贵州事未完，必不甘服，一处有事，各处必群起相向，中国有失而无得。

一所说日后内情，必由外情而变，此意可明。奉劝各事，若不试办，无庸提及泰西各国，左近日本、暹罗各小国，若要作乱，无可抵挡。若照行，泰西各国必致忻悦，无事不助，无时不合。盖万国来往，向来各国让各国之事。中国若不让，各国必不服；若让，而中国作万国之友。其地广大，其民众多，文义均通，安分务工，止有国政转移，无难为万国之首。若不转移，数年之内，必为万国之役。日后之内情，均由此日之外情而生。此日之外情，在王爷大人之手，诸臣之决断，万民之造化也。

[1] 广督，清代职官名，指两广总督，俗称粤督。

[2] 李宫保，当指李鸿章。宫保，乃是明清时期的虚衔，多用于太子教师群体，如太子太保、太子少保。晚清督抚大员，因功或退休后多有荣获此衔者。太平天国战争中，李鸿章打下苏州，因功加封太子少保，故时人尊称其为“李宫保”。晚清类似者，还有丁宫保（丁宝桢）、袁宫保（袁世凯）等等。

二、新议论略照会[1]　前任英国钦差阿钦使

为照会事。照得本大臣进京三月有余，备文渎问甚少。盖奉我国钦差大任甚重，先宜将已结未结各等案件，详览清查，方可随时陈论，谅贵亲王亦以为然。故已将本馆所存案件，全行阅毕，而所有寻常各案，虽皆明悉，尚有内外相关最要之端。从前虽在贵国十六年，未能尽谙，亦不能仅见存案便悉，必须询问，方知其详。因思己未年间，杂华两国，来往仪节，尚未尽备。我大君主深欲和议商务，永保其全，日见增益。本大臣仰体君心，凡有关于敦谊和睦之事，必须详细查核，斟酌当理。更思外交增减，全在内地祸乱能否速平，是为至要之务。因此令参赞大臣威，即将中华目今大势，以及百官相待外国情形，借用外国新样各等节，备具略论一纸，以期本大臣庶可得知其实。兹该大臣遵行缮具前来，阅览之下，深悉论内所陈情理。贵亲王可以详查，实与大局良为有益。当令该大臣

[1] 本节及其以下《新议论略》内容，出自林乐知《万国公报》之《中西关系略论·新议论略照会·新议论略说帖》，见《万国公报》（第三册），第1639—1642页；《万国公报》之《中西关系略论·续前议论略》，见《万国公报》（第三册），第1667—1671页。林乐知以该文较长，分两次刊载。

赴署，面交列位大臣转达。因查威大臣署理本国事务，已及年半外，在中华许久，所有内地语言文义以及人情，稍为通晓，想贵亲王亦所深知。更可知其凡于中华官民各事，无论取益防损，无不尽心关切。兹将内治、外交危险之处，言明其危何在，不能不指其由，则不能不切切直直言之，是以本大臣似可毋庸备文照会，不如委曲以达，务望贵亲王鉴大臣此婉转之心，尚不将要论一纸，轻置为幸也。为此照会，须至照会者。

三、新议论略说帖　前英国参赞大臣现英国钦差威妥吗[1]

今日奉阿大臣[2]派弟前来，亲将《论略》一件呈览。弟有两节，奉恳诸位大臣原谅。

一在文理。内有转折，自与贵国不同。此次所具此篇过长。其次序本末，难免有欠圆到之处，且因外国理论，与贵国亦殊迥异，不免中有欠顺之词。

一则事体。盖思凡人处事，稍欠妥协，虽有本人好意相劝，中心未免不惬。惟是旁观有危，必须切直而陈，方尽友谊之分。

遵备《略论》[3]所议各节，数年共事以来，大半无非渎告。今奉阿大臣询及贵国目今大势，以及将来如何，不能不为切直言之。其所以更应直言者，实因目前时势尤危，非谓毫无起色，但较前稍为进步。而据弟所闻，各国每有缓不济急之言。此言日见其多，而体谅之心似觉减少。我阿大臣深以本国相待贵国，无非敦笃友谊之义。惟思本国商民在华日久，或难保护，抑或偶因别故势迫，自

[1] 威妥吗，即威妥玛。
[2] 阿大臣，指阿礼国。
[3] 原文如此，疑为谬误，当为《论略》。

行设法完局，诸国亦必相从。他国先至于此，本国亦难独违。我阿大臣洞悉其理，指明中华免危之计，惟在借法自强。故令弟备此以闻。尤因中外诸务，较之从前颇为胶漆之至。内或受危，外亦不免其害。然则此次所陈，虽由中华现时不佳而起，而中华所有诸病，亦为我国嗣后受害之渐，为此不能不为直陈，敢祈原谅。

大英国钦差大臣阿，询及中华目今大势，欲知嗣后和好，保其长久，威参赞总以凭中国能否内愿改政，外笃友谊遵行，特陈大略。

一窃以现在所有承办中外各国事务，不分华外，各大臣欲知将来有无常能尽谊，只得设为问答，方见其实。试问中华，日后能否保其自主？此言无所不包，甚愿中国永能防侵害，观其时势，免代虑之深。

一中华内患甚深。外交或未至失和，大概亦皆冷淡。而立约各大邦来华，各有难弃之要务。天下之乱，屡年不止。各国想敦谊，不愿干预。而大乱[1]未已，早晚诚恐易致搀越。况因交结邻邦，多有坚执闭绝，有渎各国体制，何能遂其睦好之心？且内地治理，尚执定见，不肯借取新法，平治内乱，保其外局。现不受损，日后更增。所有应得之利，实致中国原有不愿干预之心，因此见减少。

一所云内患甚深，历年有之，不必远观。自道光二十五年以来，邸报所传上谕折奏等件，览毕可知。目今直省之中，若云全省无贼，实不易言。盖贼皆会匪，入会实意不过抢掠。旗号所书，均欲立国为君。即如云南滋乱之极，甚至有无官员，皆不可知。新疆回民，到处变乱。

[1] 大乱，当指咸丰同治时期爆发的太平天国运动。

更至奉天，原系国初根本，其处民人命产，竟难相保。

一如此大患，推问何由？曾读上谕折奏，其故有二：一则水旱之灾，民受穷困，强壮者抢掠为生，软弱者无力抗拒，因亦从其为贼，皆系天意，人难预防；一则各省官吏，或有失义，或系无才，事先不能防备，事后不能办治。此系人事，据见邸报，尚属人多天少。

一至于军务、捕务，更阅邸报可知。军务缺兵，捕务乏役，俱由原额钱粮甚少，日所支者，尚不足原额之数。至于钱粮一节，则地丁、粮米、盐税脱欠甚多。总之，所有入国大宗，无非缺欠。外省因缺银粮，只得设法权计，亦不过暂顾目前。即如内地运货，厘金收税，内外商局，均受其捐。尤因随时随事，开局征税，不能不设官。该员俸禄，有名无实，何能保所征皆归官库？就是所征尽归官库，则时事未平，易得藉故支用。果有不归，花费即属虚糜。

一天下岂无能治之人？人可谓不乏。贼已渐平，惟海边内地，尚有数处。或云总有通商各口，幸有外国保守，因此而得。外国人日阅《京报》，确知中国大臣，实有认真出力者，有为中国忘身者。其得立功效，甚足嘉尚。然而中国欲凭一处偶见之功，即将天下大局挽回，决乎不能。何则？此等良臣，不能处处皆是，而且不能久任地方，常往别处调用，而有人补其缺，未必尽一样出力认真。天下大患甚重，决不能恃一二处良臣尽力，遂遍除全患。果能天下大平，总不能按成例旧法得益。要在早为图之，吏治官役，不分文武，皆求其实，务使粮饷充足。而中华可足饷之要有二焉：一则自取本国之材，务期济困；一则速与各国笃结友谊。

一以此新法办理，古来从无此道，是以中华各官不甚乐为。外国未明其理。盖查华儒最重之书，内载“穷则变，变则通，通则久”[1]。窃思果能按此而行，不数年生民即可苏困。无如官吏绅士，论及“变”“通”二字，只以变回旧法，方保国政，必能久通，亦非无故。因见世间历代兴衰，多有变乱多年，难于治平，乱极甚有无主之时，各有彼此攻打，百姓皆疲，终有英雄出世，有力平乱。黎民以为奉天，甘心相服。伊既开国为治，悉遵往古之法。初时敷妥，渐次滋生事变，依旧不治。是兴时与古相同，衰时亦与古一样。此中华史鉴，累朝世世有之。士人见此兴废，视为转轮之常，自问其后，必仿古而知。惟目今欲思良法，只鉴古而行。若然，则为误会之至。盖内政、外交两节，今已互结，不能分论，此与古不同之要处也。

一天下各国，分论东西。东国之间，中国尊荣。自古以来，四面邻邦，无非向化，间或不畏兵威，亦无不共服其教，三千余年皆是如此。其间东西诸国，有并未来华，有偶然一来。如今泰西诸国，或与官悉[2]来往，或与百姓通商。其国若论智略，不亚中华，若论兵力，似觉稍胜。各国在华，各有要务，不能弃置，系中国立约，许为相保。如果肯保，深悉力有可及，所谓中外互结一也。历代史鉴，实无比照之处，则天下大乱，终或不能平治。欲问后来结局，自难酌古准今，仍照前言往古兴衰常理。盖中华果至终衰之时，诸国各有要务，见必受险，难免干预保全。一国干预，诸国从之，试问将来中华天下，仍一统自主，抑或不免各属诸邦？此不待言而可知。

[1]“穷则变，变则通，通则久”，出自《周易·系辞》。
[2]原文如此，根据句意当为“宪”。

一兹论终衰之势，或问何用此言？此史鉴所载，历代治乱，曾问士人，皆以国朝远胜前代。自壬子年南省会匪滋起，动称义兵，欲将江山恢复汉人[1]。而十二载以来，除甘为贼匪以及愚贱从附，其外体面富庶，问曾有乎？即有亦甚少也。观此天下贤智百姓，至今未有异心。若谓终衰可计，今非其时。贼匪断难遽能成事。而内地日久未平，百官仍执己见，不肯外借新法，则贼患难平。至于终衰，而中国尚因别故，亦难防其移权之厄。此别故者，各国大局，系中国一日不能保全，各国一日难免代其承保。而使外国代承其责，实免外国代为作主[2]。此中国失权危险之处，曾已提及，不能不为再论。

续前新议论略 前英国参赞大臣现英国钦差威妥吗

一若中国好古恶新者，内有每称各国新为设法代谋，其名虽似相助，其实无非私利，意欲后可占地自立。而细看此数年来，各国相处情形，可以信其必无是理。溯道光己亥年，英国失和，三年未绝，方能罢兵[3]。定约时，除

---

[1] 壬子年，指1852年。此处史事实指太平天国运动。阿礼国所述时间有问题。太平天国革命爆发时间，乃是1851年，至1852年因广西镇压失败，渐成燎原之势。
[2] 原文如此，与《筹办夷务始末》版一致。根据语义，似为“实不免外国代为作主”。
[3] 己亥年，即1839年。此处指第一次鸦片战争史事。

香港一处本系民稀地荒小岛，此外有闻英国索要何地[1]？又至庚申，英法两国带兵北来，兵势正盛，何难逞其欲奋之心？乃北上未定大局而止。英法之兵，尚代击退金陵之贼。后增条约，一得在京画押，两国全军立即往南退去。旋据续约所载，抵项未完，尚须留兵防守数处。而未结未收，各国先行调回。又以换约以来，五年之间，条约以内，屡有未尽之处。各国虽属[2]经分辩，而通商各口一带，皆为合军协同剿办。有人谓助剿，亦为我国商民之利益乎？此语非虚，亦可见并无占地之心。如有其心，尚肯助官击贼乎？

一英法两国如此协同，总非有心侵占，不言可知。而好古恶新者，甚疑新法包藏恶意。试问催中国另取新法，催之更甚者，系何国大臣？多英法两国大臣也。盖其设疑者，实不知各国代谋诸事，不惟于中国无损，反于中国有益。虽谓于中国有益，实于中国更有大益。何则？中国果能听议各国民人进华，固能取益，而中国一取其策，定保其富平。富平一保，自主之权亦能永保不移。更有所议者，绝无外国之利，容为续议。

一中华全益者，即如命大臣驻各国京都一节，英国渎告非止一次。或问外国有何裨益？实无其益。若问中国有何益处，益实多焉。盖各国原命大臣进华驻京，其意云何？无论英国他国，实虑在外，每起辨论，无法可以了结，诚恐易生兵衅。五年以来，屡有各国虽陈不合之件，

[1] 鸦片战争是英帝国为打开中国大门、维护鸦片暴利等主动挑起的罪恶战争。战败的中国被迫割让香港岛、开放五口通商、赔偿军费商欠，后英国又获得治外法权、“利益均沾”等不平等特权，严重损害了中国的主权和领土完整。

[2] 原文如此，根据句意当为“屡”。

若如从前无代国大臣驻京，易致生事，幸因有此得免。此于友谊大局，彼此均为有益。惟遇设有何国大臣，所定中国之意不同。中国既无大臣驻伊国，只由伊大臣自向本国辨驳。何人在彼能代设辨？然则中国肯命大臣驻外国，比外国驻华大臣更为有益。此中国全益，与外国无益[1]，系外国大臣代议，特设能驳本员之良法。尚有人疑外国代谋，必藏恶意。观此，可知其言之误矣。

一此议既为中华之益，而中国不肯行。外国论及，非以各国大臣驻京不便，暂时通融办理，慢图退去，则无以知其不为之心。此节姑不论。而命员在外国，又有益处，中国尚未见及，固无足怪。但不如听劝而行，况际天下大乱之时，须行更甚。盖泰西各国，素以相命大臣为尽往来之理，以同礼者联为局中，不同礼者视为局外。中原果愿一体互命，其益有二：如今中国独立，不与邻邦相交，各国未免心寒，能与相通，度可易虚为熟，各国有关切之心，斯其无故之渐，较易防堵；抑或适与何国因事较论，中华果为有理，其余各国，必同用力相助，用言解劝。

一此乃外设代国大臣之议，可见系中国全益。其余新法各事，外国虽受其益，中国受益尤多。如各省开设铁道、飞线，及开采五金、煤矿，操练水陆各军，国用不足，约请借贷，医学各项，设馆教习。以上各新法，中华如定意试行，各国闻之，无不忻悦，益固多焉。一则中华试办，其初须约外国相帮，迨熟习方能辞去。即如海关税务司，自设以来，内外既免生事，税银亦见其增，此系管

[1] 此处不如原文语义清晰。《筹办夷务始末》原文为“此中国全得其意可证，况既与外国无益”。

理通商各官无不知。而税务司数员，虽皆请外国人，在请办各员，管理税务，其权是否皆在中国，外国无一肯驳。更俟将来，中华能悉外国语言规矩，至辞去外国各员，自理税务，中华具此材能，外国无不欣美之极。而设税务司一举，原系外国代议，中华成例，向有此条。此则外国代谋变通之法，未必于中国有损，转为有益。至各国又有忻悦之故。一则前项新法，商局大受其益，二则内地从此容易治平，外国人来往通商，易得保全，各国亦可无虑。其忻悦者此也。惟思新法，中华取用，外国得利，而内地之乱，可望太平。国帑之虚，可以充实。此均中华倍得利。更有得利者，在保全自主之权。盖各省既平，洋商可保无危，用项既足，兵力可以自强，由此庶几可防外国干预，代为致力之损。此免移权之计。其最要者，此其一也。

一论中国自主之要，一则借法兴利除弊，以期内地复平。若论其二，立宜设法，更求外国和睦，如果不能立，命代国大臣往来驻扎，亦宜设法，使其免疑见轻。前所言外交冷淡，此乃实言。总理各国事务衙门一处，恭亲王暨列位大臣与代国各大臣往来，皆系以礼相待，并无丝毫不用[1]，此属至善。而内外相交，余礼不分，京外尚觉美不如斯。即如泰西各国京都，代国大臣前来驻京，每得入朝秉政，各官无不相接。来中华京师，大不相同。实缘中国向来之礼，从不愿与外国交易，闭门不纳，外省尤甚。各处官士，不明发其意，皆暗存是心。外国官民，无不留意于中。念中外各国三十年来，数次失和，细查其故，总

[1] 此处“丝毫不用”，在《筹办夷务始末》版中作“丝毫不周”。后者更加准确。

因中华有来无往。盖士人素言各国技艺材能，虽有所长，总不如中华礼义学问之盛。又言中华天子尊崇最上，诸国之君果欲相交，尚以不能平行。欲问衅起之原，实由此也。而外国理论，官士时露不佳之心，实由此故而致，何以免抱怨之渐？惜中华官士，论及外国事务大略，分为二端。一则有如前言“变”“通”二字，只以变回旧法。因查史鉴所载，周王修内攘外，但复此策，即可太平。天下一平，嗣将远人一齐逐出。一则或云变通亦不可少，必先变通而后能安定。俟安定后，再将远人驱去。如此前后两论，一问何以不用新法？因是新法而已。一问何以不留远人？因是远人而已。其论或欲专主旧法，或欲稍取新法，于大局毫无利益，而见言色反于中国有损。盖天下大乱日久，起色甚少，各国因其属民有所思虑，明知中华不求新法，大乱难平，而中华总不自取，亦不肯听人代谋，为此更有所虑。况见各处官士，皆有外视之心，尤增易致气恼之情。

一总之，近闻各国官民分论中华，目今及后之事，条约所载优待之处，凡我官民未能无得失，无论于我国体、商局两端，中华皆有未尽。或问通商各节，何以不能尽守条约？每答以内外未平，官民未足，惜力真有未足。通商各口，近见防贼，非畏外国之民，即用外国兵力打退，甚至每有贼来之处，但有外国人居住，本地官民即可无虑。然虽如此，而百官仍以各国不能平行，众士原有作官之基，亦皆共熟此理。外国代筹预防虽是，而卒不肯从，屡见外国无非相助之意，中国犹疑为敌之心。虽自无力，尚轻视外国。外国以信代谋，如何定乱，总不肯听。力虽疲极，尚望天下自行挽回，反将外夷逐出。何况匪类原系华民，实因吏治不佳生变。试问助官原期保民，官既待民未周，助之何为？故此我各国无用待其自敝。果其不能速于自敝，则代其立意设法，反欲将我驱出，究属何意？迨至此等时势，我国尚须自来保护。如何即刻先防其失，将内地治理，广取财利。不但我民取利有裨，即华民亦受平乱之益。若论华民改为外民，何谓取益？实因既受苦累之极。或问外国如此措置，必致损财，实因不难补偿。此等外论，初亦有之，近来稍见其多矣。

一外国如此议论，非不知历代隆风。盖知中华早以圣教文化，迥出东方诸国之上，是以东西各国，无不欣慕尊崇。惟念时势之艰，世世有之。而史鉴所载，中国最为尊重之规。乱机将至，未见能预防变乱，屡次相生，亦未见能睹前失，以图后来防备。中华之患，如一年之中四季循环，考其兴衰始终，皆成一律。直至前明，均不能谓后代比前代显有隆污。又有人云，尧舜之时为最。外国人考内外不同之事，惟以此件为独奇。盖查进华之约，英、法、俄、美各国，以其五百年与千年以前相比，五百年景况较前为强。以目今与五百年相比，则目前较五百年前愈强。又念自古以来，四海之内，无论何国，如不欲洽比其邻，尽心勇进齐驱，未闻不为邻邦所并。试问中华，岂今邻国，仍是匈奴、西番乎？英国早得缅甸一分，法国亦得安南，俄国分在西路朝鲜之外。或问三国，皆有必占内地之心乎？此姑无深论。要在英国已有缅甸，离云南不远；法国已有安南，离广西不远；俄国不必再论。前项二处，与中华连界一万余里，可虑者不在外国有无侵占之心，而在各处有易侵占之势。

设若中国复问续增条约立定五年以来，三国所办事件中，岂能尽情尽理乎？而三国之待中国，惟恐或有不周。

中国之待三国，亦有不同之处。若论如此，内外即应互相体谅，而内外之力均平，此言可用。惜力不平，则此理恐难常保。强国不即力求伸屈，彼即自为体谅。至今并无求伸之举，固因友谊，皆知中华现在大乱，尚以诸国向以一国不肯轻动，则各国均不轻动。惟思各国既已负屈，各国又有难弃之事。尤以果有举动，则诸国莫不取益。念此更思各国正强，倘遇一时或有不洽之处，无论关乎体制抑他故。忽见某国若非构兵，亦必用言挟制，所有前问新议，中华向不自取，某国勉强代为，岂非碍于中国体制？设或代为之时，外国之人用中国之财，将中国置之不问，犹得谓之自主乎？即谓暂存之像，亦恐难保其常，盖因一起代为之端，何有限制？此实目前之危。

若问易危为安，只有一言。中国果有立意，速借新法之实形，则各国一闻，必皆尽力相扶。倘疑中华如此，嗣后有谋国察机，伪图其利，则有碍于中国，不必疑也。各国皆有应图之利，必不令一国专取。可知此中，转有保中国得以自主于其中。

一总之，此次所陈，重在不思变通，仍复旧法而执此成见。非谓总理各国事务衙门中，所陈者，实因其余百官，不知外国事务系属何事，更不知与外国相交，较诸事尤为扼要，因此凡有外国新议，皆以为不然。窃思目前景况，内地随处日有新机，无论百官愿否更改，而为事甚迫，似难不欲前进，亦确不禁必进之势也。要在勇往，方免牵制。直言之，嗣后中国不久，必须择定两节之一：自招外国人协同去弊兴利，可以永保自主之权；或以仍旧怀疑、杜绝外国，则外国亦以疑心相待。中华言动，或有细故，以致准情相复，必于全体无失之道，关系匪浅。简言其理，从则可以兴而复强，否则必致衰而不振。

此稿前印于本馆新报，再印于公报《中西关系略论》中。兹合《中西关系略论》，另成一书，以公同好。蒙大英钦差威公妥玛，欲取此稿而修饰之，缘底稿尚存京城，一时未能寄到，故仍就原稿刊印也。此启。

四、曾中堂奏稿

奏为遵旨预筹修约事宜，恭折仰祈圣鉴事[1]。

窃臣于九月二十三日，承准军机大臣密寄同治六年九月十五日奉上谕：总理各国事务衙门奏预筹修约事宜，请饬滨海沿江通商口岸地方将军、督抚大臣各抒所见一折。前因原议十年条约，为期已近，据该衙门奏请，饬南北洋通商大臣于熟悉洋务各员中，选派二员，于十月咨送来京，当经降旨允准。惟前奏称欲于选派各员内收群策群力之效，而于通盘大局，尚待筹商。本年十二月，即英约前期六个月，先行酌改之期，各该督抚大臣务于十一月内奏到，无稍延缓。俟总理衙门密函条议寄到时，诸臣其审时度势，妥议万全，以济时艰而副委任，详细复奏，等因。钦此。

仰见我国家推心置腹，博采广诹之至意，钦佩曷任。详释总理衙门原折密函，层层商折，谋坚执之辞，而又不欲大局之决裂；怀雪耻报仇之志，而又不欲彼族之猜疑，实属审时度势，苦心经营。臣于预筹换约一事，接总理衙门四月之函，当经分布各关查议，开列清册。臣详晰加

[1] 原折乃密折，时间为“同治六年十一月十五日”。林版未加“密折”二语。

签，于八月廿一日[1]遴派候补孙士达等二员，由沪进京赍投，以备采择在案。

兹复奉谕旨垂询，臣愚以为与外国交际，最重信义，尤贵果决。我所不可行者，宜与之始终坚持，百折不回；我所可行者，宜示豁达大度，亢言立定，断不宜若吐若茹，稍涉犹豫之象，启彼狡辩之端。大抵洋人之在泰西，数百年来互相吞并，无非夺彼国商民之利，然后此国可以得志。其来中国也，广设坝头，贩运百货，亦欲逞彼腹削之诡谋，隘我商民之生计。军兴以来，中国之民久已痛深水火，加以三口、五口通商，长江通商，生计日蹙，小民困苦无告，迫乎倒悬。今若听洋人引盐，则场商贩运之生路穷矣；听洋人设栈，则行店屯积之生路穷矣；听小轮船入内河，则大小舟航、水手舵工之生路穷矣；听其创制电线、铁路，则车骡、任辇、旅店、脚夫之生路穷矣。就彼所要求各事言之，惟挖煤一事，借外国开挖之器，兴中国永远之利，似尚可以试办。应宝时条议册内以为可行，臣亦加签，从而韪之。其余如小轮船、铁路等事，自洋人行，则以外国而占夺内地之利；自华人附和洋人者行之，亦豪强而占夺贫民之利，皆不可行。以上各节，臣于孙士达等赍投京折，逐条签明，总就小民生计与之切实理论，无[2]有颠扑不破之道。如果洋人争辩不休，尽可告以即使勉强应允，臣等在外，亦必争回；即使臣等勉强应允，而中国亿万小民，穷极思变，与彼为仇，亦断非中国官员所

[1] 此处时间有误。据曾国藩原折日期同治六年九月二十一日，故“八月廿一日”应为“九月二十一日”。

[2] “无”字当为笔误，原折为“自”。

能禁止。中官[1]之王大臣为中国之百姓请命，不患无辞置辨，甚至因此而致决裂。而我以救生民而动兵，并非争虚议而开衅。上可以对天地列圣，下可以对薄海苍生，中无所惧，后无悔也。

至遣使、开拓传教之事，臣派员赍京师册内，皆未议及。伏查康熙十五年，圣祖仁皇帝召见俄人尼来果赍[2]等，其时仪节无可深考，然当时与俄罗斯国议界通市，实系以敌国之礼待之，以屏藩之礼待高丽者，迥不相同。道光、咸丰以来，待英、法、美三国，皆仿康熙待俄国之例，视同敌国。盖圣朝修德柔怀，本不欲胥七万里之遥而臣服之也。拟请俟皇上亲政以后，准其入觐。其仪节临时酌定，既为敌国使臣，不必强以所难，庶可昭坦白而示优容。

遣使一节，中外既已通好，彼此往来，亦属常事。论者或恐使臣之辱君命，或虑费用之浩繁。此皆过虑之词，似应令中外大臣留心物色，随时保举，可使出色人员，储以待用，不论官阶，不定年限，有人则遣，无人则不遣，权仍在我，彼亦不致因许而不遣也，遂启兵衅。顷准总理各国事务衙门咨，已奏派志刚等出使西洋，从此源源通聘，使事渐多，纵或有一二不能专对之臣，亦安知无苏武[3]、班

[1]“官”字笔误，原折为“国”。

[2] 尼来果赍，指尼古拉·加夫里洛维奇·斯帕法里，在清代文献中亦被称为“尼来果”，乃1675—1677年俄国访华使臣，著有《中华帝国志》等。参见叶柏川：《早期俄国来华使团人员构成考察》，《清史研究》，2003年第1期。

[3] 苏武，字子卿，西汉大臣，于汉武帝时期奉命出使匈奴，被扣押和屡次劝降。面对威逼利诱，苏武保持气节，始终不降，彰显了大汉朝的国家尊严，后历经19年苦难，至汉昭帝时才被匈奴放回，受到举国敬重，至汉宣帝时期被封为关内侯。苏武牧羊的故事，留名青史。

超[1]、富弼[2]、洪浩[3]者流，出乎其中？为国家扬盛弭患者，可慨然允许者也。

至开拓传教一事，查天主教之始，专以财利餂人，近日外国教士贫穷者多，彼之利有所不给，则其说亦将不信。自秦汉以后，周孔之道稍晦，而佛教渐行。然佛教兴于印度，今日之印度，则多从回教，而反疏佛教。天主教兴于泰西，今日之泰西，另立耶稣教，而力攻天主教。可见异端之教，时废时兴，惟周孔之道，万古不磨。但使中国修政齐俗，礼教昌明，虽百计开拓，亦终鲜尊信之者。况因各省郡县多立教堂，业已拓之，无可再拓，将来换约之时，该国如于此条渎请，似可许以随时行文保护于彼，但不必再添条款，谅不致再肆要求矣。

此数端，其害稍轻，不必力与相争，并不可有求必应。独至铁路、轮船、引盐、开栈等事，害我百姓生计，则当竭力相争。不设抵制之词，不用严峻之语，但以婉言商之，诚意动之，始终不可移易，使彼知恤民以保邦，乃千古帝皇之常经，亦我朝列圣之家法。在中国多事，洋人方张，亦不能因曲循和议，而不顾内地生民之困，即异日中国全盛，洋人衰弱，我亦但求保我黎民，而别无耀兵海外之心。彼虽倔强谲泛，当亦知理直不可夺，众怒不可

[1] 班超，字仲升，东汉著名使臣，出使西域期间，恢复了东汉王朝对西域的统治，官拜定远侯。

[2] 富弼，字彦国，北宋名相，在宋仁宗时期多次出使辽国期间，坚决反对割地，努力制造宋、辽、西夏和平大势，维护北宋核心利益。

[3] 原文为“浩”，疑为谬误，当为“皓”。洪皓，字光弼，在南宋时期出任礼部尚书，出使金国期间，被扣留荒漠15年，虽历尽艰辛，但坚贞不屈，始终未降，且急公好义，既周济落难同胞，又教女真人读书，宣传汉族文化，受到汉族和女真人的敬佩，最终全节而回，被封魏国公，被时人誉为第二个苏武。

犯，或者至诚所感，易就范围。区区愚见，是否有当，谨献刍荛，以备采择。所有遵旨预筹修约缘由，恭折由驿四百里复陈，伏乞皇太后、皇上圣鉴训示。谨奏。

（同治十年，总理各国事务衙门，函致各国驻京大臣，商办传教章程八条，并美国镂钦差斐迪复函，俱登载蓝书中矣。蓝书者，西例凡往来文件，汇集成书，外面以蓝纸为壳，故以蓝书名之。本馆原拟访觅华字底稿，久而未得，不得已仍即蓝书中所印西文，译其大略。其有无不合之处，则未敢自信，阅者谅之。）

五、译总理衙门致各国大臣书并章程八条[1]

自中外互市以来，所订条约，原期有利无弊，彼此相安，垂诸悠久而不变也。乃查看近年，虽有条约，非但不能行之于将来，即目前亦有难安之势矣。其通商一事，尚称平顺，可免争端。惟传教之流弊，有不可胜言者。按传教之本意，原谓劝人为善。而天主教之与中国民心，大为枘凿。何哉？殆办法未能合宜，有以致之耳。所当亟求妥法，挽回而补救之，庶于各国和好之大局，与各国通商之大局无碍也。传天主教士，所至地方，往往与民不合，故历年来各种案件，颇有不能相容之处。贵大臣当亦知之有素矣。

夫天主教之初来中国也，名曰西儒。其始入教者，不无安分之人。而自换约后，大为不然，遂将劝人为善之教，华人皆轻视之，而存不服之心。加以入教者，倚势欺

[1]《传教章程》版本不一，目前有《（同治朝）筹办夷务始末》版、《教务教案档》版、《清末教案》版以及本书林乐知版。其中以《教务教案档》版相对最原始，信息也最全，可以参考台湾“中央研究院近代史研究所”编：《教务教案档》（第三辑·第一册），台北：“中央研究院近代史研究所”1975年版，第4—6页。林乐知版《传教章程》与以上版本相比，基本意思一致，但在个别字词上有改动。

人，于是不服之心，固结而不可解。迨民教相争，酿成案件，地方官理当查办，而教士又出而庇护之。教民藉此藐视官长，民心更为不服。且当中国有事之秋，凡一切罪人讼棍，俱以教中为逋逃薮，从中生乱。百姓始而抱怨，继将成恨，终且为仇。各处民人，不问天主耶稣，有无区别，而皆指为天主教也。不知西洋各国，疆界有分，而概视为外国人也。祸端一启，凡驻居中国之西人，所在皆为危境。即安居无恐之省，百姓亦闻而生疑，疑心甚而忌心生焉。据此情形，安有不激而生变者耶？

究其寔[1]，教非一教，国各一国，纵使告者谆谆，难必听者不藐藐也。本王大臣任事十年，旦夕焦劳。不料今年天津之案，果变生仓猝，不及防矣。该处地方官，查获正凶，骈首受戮，以及赔偿抚恤各件。虽云办理尚妥，而中心总未释然，皆因民教不安，必致滋事成案。以后仅照此案为成例，恐办法愈办而愈难，亦祸端愈多而愈烈也，岂得相安无事乎？总之，各省教案虽因百姓积怨而成，寔由教民相逼处此耳。

各省一切案件，地方官办理固未尽善，未尝不由中西各国办事大员，明知民教意见未能融洽，不早为立法挽回，一旦事出不测，外国只求满其所欲，而人心服与不服，不暇顾问，全属以力为强。而中国地方官无法可施，只图敷衍了事，暂顾目前，不思久远之计。即或与外国熟计深思，筹商善后之策，非不肯平心论事，而皆以万不可行者，强为劝勉，反为阻滞。此岂代两国诚心办事之人哉？

[1] 寔，原文如此，通“实”。

今本王大臣，统观全局，甚欲中外永远和好，先必妥筹善法。因思泰西各国，彼此均有教士，互居其地。其所以能久远相安者，非处置得宜，曷克臻此？故传教与习教者，行所无事也。以本王大臣所闻，不论何国教士，住居某国，即以某国之法律风俗是遵，从无自立门户者。若抗违国法官令，僭越权柄，以及损人名节，有害人民，使人疑而生怒，种种不法之事，皆有严禁以治之。

即如在中国立堂传教，先必令本地士民悦而不怨，信而无疑，方可办理。自然彼此久安，何得拆堂毁教乎？而传教人再将分内所行之事，一一宣示于众人之前，实无有与教相反者，更不为习教人所指使，擅预地方公事，以势压人，招绅民之怨。到处教士，皆能如此，则百姓可与之久安，官员亦易于保护矣。近观在中国传教者，所行所为，实与本王大臣所闻各节，大不相同。犹之一国之中，有无数敌国，而自专自主者。似此而欲久安，官民不同心怨恨，岂易能乎？

本王大臣思患预防，惟恐津案已结，各处教民闻之，必以津案为口实，而反气焰凌人，平民不怨毒更甚乎？一旦发泄而成巨案，地方官办理不下，督抚亦无可如何，即总理衙门有力难施。倘将中国百姓，同心变乱，我大皇帝遣将命师，万不能胥中国之民而悉诛之。况众怒已成，谁肯束手待毙？及至事难挽救，再欲中外和好，保全大局，彼此均无能为役，得不归咎于中外各国办事之大员乎？且无论中外何国，必以得民心为要。民心未得，以势迫之，定必生变。国家政令虽严，亦难望其遵行不怠也。中外办事大员，身当其任，补救无方，忍置中国与各国商民，同溺患难之中，不思以善法维持，后来一切公事，万难措办矣。本王大臣欲顾全各国和好大局，力求补救之法，特拟章程八条，一并缮送贵大臣查阅。除致各国大臣外，专此缕布，惟贵大臣谅之察之。

一教中所立育婴堂，向未报官立案，而收养幼孩，其中事难共白，因此酿疑起衅者有之。何不将外国育婴堂概行裁撤，以免物议？如必欲设堂，只收奉教者无人抚养之孩，然亦必报官立案，注明何日收养何人，准于何日领回，并准无嗣者具结取保，抱养为子。似此方昭核寔。至于教外幼孩，当由中国督抚饬令各属地方官，选派绅董，自行收养。中外各行其善，自免疑端。

查中国育婴堂之例，幼孩出入，必将来历报明地方官。到堂后，其家准来看视，待长成后，或无子者准其具保抱养为嗣，或仍准其家来堂领回。无论何教，仍归本教。堂中亦善于抚育，足为善事之一端也。闻各国在本国设立育婴堂，其办理与中国略同。惟于中国所立外国育婴堂，收养幼孩，不问来历，不肯报官，到堂后他人不得抱养，其家不准领回，且不许亲人来看，如此何能不使百姓生疑？即如津案，妄传挖眼剖心，曾经奏明并无其事，而民心至今疑怀莫释，故能钳其口，万不能服其心，而欲将来不再因疑生事耶？果能将外国育婴堂概行撤回，仍归本国设立，凡中国幼孩，无论在教与否，皆归收养。中国各省，办此善事，不可枚举，何必西人搀越，致以善举而启疑团。放此事不如各行其善，实为两便。

一各教堂内，凡中国妇女概不准入堂，即外国女修士，亦不准在中国传教。所以严规矩，而免人疑议也。查中国素以名节廉耻为重，男女异居，不相授受，礼至肃也。天主教开禁以来，妇女入堂，男女不分，各处教堂，相习成风，无怪百姓轻视传教，且怀疑有秽乱之事。

一传教士居住中国，当从中国法律风俗，不得自立门户，尤不可有违国法官令，僭越权能，以及坏人名节，凌辱民人，令人多疑而犯众怒。若毁及中国圣教，公愤难容，各教士悉归地方官约束。至中国教民，一切所事，与平民无异，凡演戏赛会，自当照章免派钱文，而应有差徭与地方公事，不得藉端推诿。至于应缴在官钱粮，应纳业主租项，更不准持强挂欠。外国教士不可包揽抗违。

遇有民教交涉讼事，听凭地方官从公审断，传教士不得插身帮讼。如原被告有教民在内，不准隐匿不到，致案中之人拖累无休。倘教士干预讼事，地方官将请托原函，禀呈督抚，咨报本衙门，将教士撤回本国。而教民若有户婚田亩词讼，擅敢央求教士，出面说情者，地方官从严究办。

查中国崇重儒教。以释道两教，推之喇嘛，原非中国人，而无不敬守中国法令，凡是非曲直，听官办理。闻外国传教士，居住各国者，国律风俗，在在遵行，从不自立门户、违国法、背官令、僭权揽权，或污人名节、虐待平民，致人怀疑而犯众怒。教士既来中国传教，自应归地方官约束，乃竟有骄矜自大，藐视官长，殊非自爱。而习教者，本系中国黎民，更宜守分，与平民一律。况教民乡城皆有，邻里乡党，更宜彼此亲睦。乃遇有地方公事与公举各款，辄敢恃教免摊，自待己薄，何怪人皆轻之！更有抗粮、拒捕、辱官、虐民等事！

教士不知底细，反为刁恶教民所惑，包庇不肯送官究办，于是有犯重罪投入教中而求保护者。且各省教民结讼，竟有外国教士出头干讼。如四川教民妇女，骗赖平民租项，反戳伤平民身死。法国主教者，居然行文说情。教民妇女竟不抵罪，川民无不切齿。贵州入教者，遇有讼事，自称教民，以为护符，恶迹可知。况各省民间互相结婚，入教者必令不入教者退婚，或父兄入教，必指不入教之子弟出忤，呈控到官。教士袒护，各种情事，何能免人怨恨？

一中国人、外国人相居密迩，用法两无所偏。若遇命案当抵偿者，中国人照中例，外国人照西例，以服民心。无论中外办案，当就本案定罪，不得于办罪之外，另议赔偿，且不得于本犯之外任意牵连，无辜绅商受累。而地方官遇有民教交涉之案，或民人欺入教者，照所犯之事拟罪，或入教者欺民人，亦照所犯之事拟罪，均当平允。如习教者行为不法，为地方官访闻，或被人告发，自当照例拿办。教士皆不得包庇隐匿。如有庇匿不到案者，先将犯法者照例究办，仍将庇匿抗传之教士，与犯人一律办理，或将教士撤回本国。

查同治六年四川殴毙教士冯弼乐一案，业已拿获冉老五正法，有梅教士硬指绅士主使，逼勒赔银八万两。本系无知贫民滋事，及至激成巨案，反逼守分绅富赔银。此等情形，怨望最深。又查同治八年四川殴毙教士李国一案，实由教民逼人退婚肇祸。经崇将军、李中堂会办，已将正凶何彩正法、刘幅拟绞。而教民杀死平民，及历年奸掳焚杀，首恶教民王学鼎、张添煐等，虽已议罪，终不到案。其司铎覃辅臣[1]，纠众杀毙团民赵永林等二百余命。梅教士声称已赴外洋，不能查办。川民愈加忿怒。

[1] 司铎，天主教神父的正式职称。覃辅臣，四川华籍天主教士。

一法国传教士，所住何省传教，于所领执照内，必将某省某府详注照内，指定在某省传教，不得暗赴他省，并注明某人收执，不准转给他人。该传教士所过关卡，一切应纳税货，不得私自携带，希图偷漏。

至抵某省某府，应将所领执照，即呈地方官衙门验看。如验得人地不符，或私授中国教民顶冒，除将原照注销外，如查出有私买私受，与不法等事，定将顶替教民严究，仍将教士驱之回国。凡照内教士姓名，以华字为凭，各处易于认别。若教士或回国、或病故、或改业，理将执照缴销。至各省有叛逆之处，领照之人不准前往。将来有教士请照前往之省，查系军务之省，即将执照一概停给，所以明保护之意也。

查贵州教案内，赵教士一名所领执照，并未注明于花名册内。嗣德翻译来函，据称查得洋文册内，有被伤身死之赵司铎，实系同治四年六月二十五日领照之瑞勒思，即其人也，误为赵姓云云。又查同治四年六月二十五日，三百二十五号之瑞勒思乃往四川者。而贵州护照簿内，实无赵姓，亦无瑞勒思。似此传教省分，与教士姓名先后互异，何堪取信，而能保护？又教士林辅臣杀死俄人案内，林辅臣先充教士，又服役于布馆中。而原照竟不缴还，或私相转给，或遗落他人，非但冒充之弊难免，且恐落于逆贼之手，则国家受害甚大，亦大失教中体面。

一传教士本系劝人为善，当于收人入教之先，细访其人，有无作恶犯罪之事。当收者收之，不可收者去之。应照中国所有庙宇，知会地方保甲，登记册内，便于查核之例。如收一人，必分别立限，呈报地方官，于何年月日，进教者系何处人，向来作何事业，实无犯罪更名，以便查考。或其人出外，或病故，皆当报明。其人进教时，本无罪恶，进教后所为不法，旋即逐出教外，一体呈报，按月按季汇登总册，呈送地方官备查。地方官如查庵庙寺院之例，按月按季前往稽查，则教名无玷，而民教俱各相安。

查同治五年贵州巡抚案报贵定县，有冉石保等，先曾从贼，嗣入教民袁玉相、夏正兴团中，藉教中声势，纠众杀害王江保、左寅寿二人，重伤三人，将其家财什物、牛马掳抢一空。又查同治八年贵州巡抚案报遵义县公禀内，有宋玉山、唐神仙、谭元帅、蹇元渊等，先曾从贼受伪职，嗣入教中，扰害乡城人民不可胜计。又有杨希伯、刘开文、郑小明、霍闻九、赵文庵等，皆系遵属素不安分之人，同入教中，在堂执事。乡愚被其讹索，孤弱受其欺凌，出入衙门，干预讼事。若教民涉讼审虚，杨希伯等率领教民多人，闹入县衙，强逼县官另断。教民被官管押，即用外国教士名帖，硬请释放，他如强占人之妻女财产及人命重案，不可枚举。

一洋教士在中国，当照中国规矩，不可干名犯义，擅用关防印信，于大小衙门送递照会。如有本身应诉之件，而于他项词讼无关者，准照中国儒教士子之例，缮禀呈明地方官核办。如欲晋见中国大宪，亦与中国士人见大宪之例同。其见地方各官，亦同此例。但必相见以礼，毋许扰乱公堂，有失体统。

查同治六年，成都将军咨报法国有洪主教者，移行四川省局官员，擅用关防。同治七年，本衙门收到贵州主教胡缚理照会一件，擅由堤塘官驿递送，且保举前任道员多文等，请予优奖。山东传教士有擅称巡抚之事。四川贵州教士，因教案而有请撤地方官之说，是侵官吏之权，事已难恕。甚至侵国家之权，情实难容。似此无理已极，安得不犯众人之怒？

一嗣后教士，不得任凭私意，指请索还教堂，以免启衅。所有教中买地建堂，或租赁公所，当与公正原业主，在该管地方官呈报查明，于风水有无妨碍。即使地方官核准，尤必本地民人众口同声，无怨无恶，始可照同治四年定章，注明契上，系中国教民公共之产，不可伪托他人买产成交，更不得听信奸民蒙蔽，私自买卖成交。

查传教士久居中国，本欲彼此相合。中国人无所忿恨，自然攸往咸宜。迩来教中一切行为，多致中国民心不服。即如查还教堂一节，近年各省地方，抵还教堂，不问民情有无窒碍，强令给还，甚至绅民有高华巨室，硬指为当年教堂，勒逼民间让还。且于体制有关之地，以及会馆公所庵堂，为阖境绅民所最尊最重者，皆任情需索，抵作教堂。况各省房屋，即实属当年教堂，而多历年所，或被教民卖出，民间辗转互卖，已历多人。其从新修理之项，所费不赀。而教士分文不出，逼令让还。此等情事，如何不令百姓怒目耽耽[1]，视同仇雠，而激生事变？

以上所开各节，不过举其大略而言，足见传教士行为非是，民教不安之证。譬之有病延医，审病发药，急求有益无害，不致因传教一事，而伤中外和好大局也。推之各省案件尚多，不及缕述。总之，人有善恶，惩恶即以劝善。犹之奸商舞弊，不严办奸商，而公正商人，必受其累。教士传教，不问善恶，招之使来，一入教中，则不善者必藉教势，欺害良民，甚而抗拒官长。众怒已成，将合

[1] 耽耽，原文如此，今作“眈眈”。

中国百姓，如津民之恨洋人。当其时国家政令虽严，亦难挽救，岂非危险之至乎？兹拟各条，中国自必竭力保护，不失宽和之道。而教士如能实力奉行，自可相安无事。倘以此为不便于教士，不合于教规，惟有请回本国传教可耳。中国教民，中国定与不入教者一视同仁，无所厚薄。此非不准教士传教于中国也。实因教士未能自安本分，为不肖教民所惑，势必激成众怒，而至决裂之地矣。然与其临时无可挽回，不如及早筹防之为愈也。

（以上原稿，系总理衙门致美钦差镂公斐迪之书。镂钦差译出西文，咨报美京外部大臣，嗣由美京外部大臣，将此信已登蓝书。本馆于蓝书中译出，以供同好。）

六、镂钦差斐迪复总理衙门原稿译列于左

去年十二月二十四日，准贵衙门来函。谓传教一事，多有不合，且于中外和好大局有碍。教士教民，结怨平民，因此肇衅。特与各国驻京大臣，熟筹挽救之法，以期相安无事，并拟章程八条，与有约各国相商，欲息民教之争，必当照此办理。各条之外，指出数省案件为证，谓教士教民诸多不法，遂使平民动怒，半由教士自取怨尤，欲于传教一条，弥补缺陷，急应设法防御，永保后来安于无事等语。

前来本大臣查单内屡言天主教士行为，无一语道及耶稣教士，有非是之处。天主教乃法国管理，本大臣不便预闻。此节无庸置议。又云办传教一事，于各国和好大局颇有关系，且碍通商大局。语意沉挚，显然若揭，并期阅后见复各情。

查此八条，当秉公相复。以贵王大臣，甚欲中外永敦和好，彼此相安，必当妥筹善法，办理各语，于本大臣之意有深契焉。商议各项章程，深察争端之故，防患未然，此真仁智兼尽，不肯膜视，互相发明，有益无害之举。又称主教者，一切不合。

本大臣未尽信以为实。因思地方官被教士掣肘，始惭终忿，无事不归罪于教士。偶有过失，即指为乱阶。或因一二教士行为不合，即将所有教士统以僭权越权指之，亦未可知。且指明教案，乃四川、贵州两省，更为本大臣意想不及者。因该二省，本无领事，且去各洋商甚遥，何能两面访查？而起衅之前，又不能预为防范，故屡次声明贵国，欲传教而泯争端，须于无领事之省，准各国领事分驻，早绝祸机。若谓教士将教犯隐匿，不令归案各情是实，华官有自主之权，不必另议新章。

至于刁劣教民，而教士不肯交官究办，美国当照国例审办美人之罪。中国罪人，不能置议。倘或教民被地方官欺虐，教士出头与官分诉，只因教民信教，地方官当从公断，于和约二十九条大意，不能违背。如地方官不听教士分诉，尽可申陈驻京大臣，转知总署商办。屈断无辜之民，本大臣亦不愿有此地方官也。故教士为教民代白不平，究与干预僭越不同。想贵国政令，断不准地方官有屈无辜之教民。所云教士，谒见中国大宪，与中国士人同例。因思各国教士，果能面见大宪，必肯自顾体面。

单内八条，逐一查核。第一条谓育婴堂。美教士无在中国设育婴堂者。此节置之不议。但本国各省，不少天主教之育婴堂，各教人签名助银，收养孤儿，例不报官，官亦不理。怀疑生忿者，绝无其人。本大臣以为洋人在中国开育婴堂，不问民教孤子，听其收养，堂内设有不法，何妨设法查办？此小事耳，何须过虑。国中有当办大事，宜讲求也。

第二条谓妇女不准入堂，女修士不准传教。此论甚偏。究何所见而为是言也？按西国男女，俱准入堂拜神。父母兄弟妻子，相率入堂，无暗昧不明之事。何为骇人？

何有秽亵？况女修士，尤为国中所最尊者，自教子女，教人妇女，总以伦常为重，西国有益无弊之大要也。细绎此条，于和约中二十九条，显背其意。本大臣不料八条中，列此一条。各国见之，群以为显背和约矣。况各处妇女入堂，女修士传教，从无伤风败俗，而生变乱者。如中国能知女德，亦同西国之女，获益无穷。

第三、四两条。查和约中，无准其自立门户，包庇人命重案。兹欲添设新章，是何意见？中国教民犯罪，地方官自当拿办，何所拖累，擅行干预？因思议政崇神，世间最大之事，美国例准平民议论。此二端是非众著，官民以法原情。贵国三教，与西国各教，可以参办，无庸阻滞。按外国法律风俗可知矣。孰为急遵国法，顺官令，而能中西一体耶？单内又云演戏赛会，不强教民派钱。此论甚公。至于差徭以及地方公事，交纳田主租项，皆分所当为，无得推诿之事。而所云教士包庇抗违，是诚不可。然地方官审案时，教士于闻听时，代辨是非，代伸其理。地方官亦当乐从，何能以干预斥之？必谓教士当归地方官约束，按此一层，和约第十一条，载如犯非礼不合情事，或由地方官拿交领事核办。此不由地方官约束之明征矣。所称四川教民擅赖平民租项，惨杀平民，未曾抵罪，此该地方官有旷厥职，咎不容辞。教士何肯隐匿罪犯？又何敢放走罪犯乎？况地方官何难将教民妇女，与何彩、刘幅等一律正法？

第五条凡军务省分，教士不可领照前往一节。按教士岂不知自惜身命？故蹈危险，是自罹祸患，死何怨也？况查十年内，从无各国人持照从逆者。

第六条教士收人入教，当于地方官报明何年月日，所收何人，按月按季汇册报官存案。此等不惮烦之事，何益之有？贵国三教之人，有犯罪者，照法治罪。岂名既登册而即无罪耶？于是教民入教，又何能有法而逃国法乎？又谓贵州二案，有冉石保、宋玉山等，相率入贼。该处地方官未能查拿治罪，咨报总署，其意无非以教士教民，皆为恶党，而本官纵犯远遁之罪，藉此可从末减也。其欺辱孤弱平民，掳抢平民财物之犯，该处官置若罔闻，是罪在地方官，而徒于教士教民泄其忿，则何益矣？果有弱民被欺，愚民被诈，且复出入公门，干预讼事，无论何人，均应问罪。地方官姑息养奸，即当革职。

第七条谓教士擅用关防照会，诸多不合之事，该管领事，何难约束；又谓教士见中国大宪，当如中国士人见大宪之礼。按教士晋见华官，倘不循礼节，尊己轻人，本大臣定能抑制。惟传教一事，租屋建堂，讲书传道，将立何法而能令华人不怨憎也？美国教士，在各省租赁房屋，始而允，继而阻，非止一次，究何故耶？本大臣从未将租房阻挡之事，逐一照会贵衙门。原望各处士民，知教士以谦让为怀，实非霸占，后来无阻滞之患耳。

第八条谓教士任凭己见，索还教堂。碍难办理。此系百余年之抄款，忽一日逼业主让还。其中是非，法国必非无据。他年华法两国，办此案件，当思公允之法。如果系逼抄之屋，天理循环，报应不爽。贵国岂不知之？如欲免悬念，必使教民知事本至公，并无偏袒。若云各国教士，有僭妄干预之事，该国自有驻京大臣。贵国移知，请其从公办理。然不得谓一教士有过，即指各教士而疑为同党。欲防后患，惟期中国大员，剀切晓谕士民，将外国通商与传教两端，并行不悖之理，愈远愈利，愈广愈善，咸使闻知。彼此均当获益。贵国不使民知，无怪因疑生变，而于贵国之政令有关也。单内又云将合中国之民，恨洋人一如天津之案，岂不危险？本大臣急宜设法办理，总与和约相宜。况美国教士，传教于中国，定系谨遵《圣经》，劝人为善。

查《圣经》有云，伦常事重于阳世，赏罚事重于阴间，而且灵魂永在，死可复生。又云，悔罪救人。西国信此确据之经者，无不兴旺。单内云目下危险已极，如病者之求药也，实因百姓不知国各一国，教各一教，而皆视如仇人，必得中外各大宪，妥筹善法，敦和好而遵和约耳。其有未经辨明者，容把晤时，面叙可也。

（此稿，镂钦差斐迪送美国外部大臣公阅，均以所复甚佳许之。）

此书分为四卷，于《中西关系略论》外，兼录总理衙门各大臣与南北洋通商大臣奏稿，以及驻京威钦使、赫总税务司各论，非掠人之美，正以明不欲自专之意也。有心世道者，阅此可知非泛论者比矣。况《中西关系略论》与各稿，皆于《万国公报》录过。诚恐《万国公报》未必各省周知，故另成一书，公诸斯世。至于四百零一卷公报，已在中历七月初一日出售。各埠仕商买阅者，价仍照旧，洋银一元，每逢礼拜六发出，以五十本为一年。其中所录泰西各国军政时事，暨中西交涉事件，事皆确凿，语非谣传，洵足以增学识而广见闻。买者多多益善，本馆有厚望焉。

林华书院主人[1]再识

[1] 林华书院主人，即林乐知。

跋一[1]

昔贤云："天时不如地利，地利不如人和。"和气致祥，和声鸣盛。和之时义大矣哉。故先皇帝谕准与大英、大法等国立有和约，各条颁示天下，抱胞与之量而无畛域之见，岂非中西之大幸也哉？迨闻同治九年俄师侵犯伊犁，杀回占地，其所用兵饷银两自应归还，以便俄师退伊回国。若果大英、大法等国咨商伊犁，俄师自必念系同一耶稣教主，情谊相联，悦从所议，无阻中外通商。而该回逆等闻俄师已与中华讲和，必不肯助回为虐，则皆凛然丧胆，悔过自新，率众投诚归降，从此北路之乌鲁木齐、南路之回疆八城一律肃清，而内地各省亦皆谧静。是凡防边防海之弁兵，俱可撤退，共乐升平矣。倘能偃武修文，使各省仿照上海之建设西学以及格致博物各书院，教思日广以顺舆情，自无中西相背之患也。

柄于今夏天由汴旋京，晤丁韪良先生与李壬叔先生，交到林乐知先生惠书，恍亲雅度，猥以西域条陈，印入《万国公报》，赐以新刊一本，诩词过饰，愧谢难名，复悉拟将诸君之《中西关系略论》，汇印成书。仰见乐知

[1] 原文出自1876年（光绪二年）《万国公报》（第四百一十卷），第140页。原标题为"中西关系略论跋"，系王柄时所作。王柄时，暂缺考。

先生爱才求治之忠，浣诵各论洵为宏猷卓识，备极精细详明，各抒所见，殊深欣佩。乃乐知先生犹复谆嘱柄以管见片言附于篇末，益徵盛意不弃刍荛，何敢负心缄默？今揆之时务自兵燹以后，民不聊生，目击中外惨情，言所不忍。若欲以力服人，究不如以德服人之为上策。自在朝廷之辅相执咎者，以和为贵，则海内外共有得人之庆矣。未识高明以为然否？

谨跋。

光绪岁次丙子巧秋南兰昆化氏愚弟王柄时年七十拜书

附　林乐知致王柄时书信

接奉南兰昆化氏王老先生惠书并承赐《中西关系略论》跋语，过蒙奖誉，感愧难名。其中亦以和字作主，尤徵识见过人，钦佩矣。似惟是《中西关系略论》业已汇印成书，分寄各省。公诸同好来稿未及登录，殊令人有相得甚晚之叹也。

先生老年好学，四远驰名，前曾以喀什噶尔条陈送至本馆早登公报。阅者莫不服其忠言谠论，非身亲其境者不能道一字也。兹者敬将所惠跋语列诸公报，代鸣谢悃，他日重刊是书，定当登入俾《中西关系略论》一书，愈为生色矣。

《万国公报》主人林乐知具

跋二[1]

大美国进士林乐知牧师，卓识高超，学问渊博，所著《中西关系略论》一书，分为四卷，于中西关系之外兼录总理衙门各大臣与南北洋通商大臣奏稿，以及驻京威钦使、赫总税务司各论，非掠人之美，正以明不欲自专之意也。

余诵读一过，知非泛论者比矣，曷胜钦佩。然中西关系传教一节，特为尤重，能正人心、息邪说。一切妄念恶意不起，不敢自欺，不违国法，诚正心修身之良方，齐家治国之急务。自致知诚意处用工夫，而至天文、地理、化学、格物为止，万类一触，豁然贯通，岂非宇宙间一大学问乎？惜哉！华人不探其本而究其末，弊在不知有上伦、中伦、下伦也。前阅公报[2]所载《环游地球略说》中，已明言之矣。人与造化主交则为上伦，人与人交则为中伦，人与物交则为下伦。此三者全备，则心可以正，身可以修，家可以齐，国可以治，有不期富强而富强者矣！

噫！中华一大国也，第重纲常而废上负下，讵能臻

[1] 该跋底本出自《万国公报》（第十三册），第7554—7556页。原标题“跋中西关系略论后”，作于“庚辰秋八月”，即1880年8月。

[2] 公报，指《万国公报》。

富强之一境哉？窃望幼童新进之辈，探索真理，不役于世俗，不囿于故态，黜遗传之古法而备三伦之要旨，庶可日进夫高明之域。

是书一出，艺林争购，先刊于公报，后汇集于一书。林君来华历有年所，而于内外交涉之务，知之已稔。故其论说宏深肃括，卓尔不群。凡心爱乎国家者，急宜讲求其富国之道，强兵之策，驭远之方备矣。当代士大夫，弁书于首者，悉是巨制鸿篇，无待鄙人赘述。

兹略跋数语，窃望阅是书者，阐详三伦之大旨，则中国致富强，而且期驾乎各国之上。近闻武昌人将是书付诸枣梨[1]，公诸同志者，岂不幸哉？

庚辰秋八月赘翁[2]稿

[1] 枣梨，意为刊刻。

[2] 赘翁，乃沈毓桂的号。沈毓桂（1807—1907），字寿康，号赘翁，江苏吴江人，是林乐知的重要友人。沈氏早年科场失意，至上海墨海书馆任传教士伟烈亚力、慕维廉等人助手，1850年受洗入教，1868年被林乐知聘为《万国公报》中文编辑，此后长期主持，1881年协助林乐知创办中西书院，任中文教习，待《万国公报》复刊后，担任主编，故在《万国公报》中多有论述，被舆论所重，在戊戌变法时期曾与汪康年等人有过往来，于清末去世，享百年高寿。参见熊月之主编：《上海名人名事名物大观》，上海：上海人民出版社1995年版，第123页。见贾树枚编：《上海新闻志》，上海：上海社会科学院出版社2000年版，第666—667页。沈毓桂用“赘翁”之名，在《万国公报》上多有论述，如《敏事慎言论》《泥古变今论》《洋杂说》等。参见李天纲编校：《万国公报文选》，北京：生活•读书•新知三联书店1998年版，第226—232页。

跋三[1]

右《中西关系略论》四卷，今美国进士林君乐知教长所著也。首卷博采内外臣工所陈洋务储才诸疏，而于西国联络之利，中国自强之端尤慨乎言之。二卷综论传教大局，深抉西士与人为善之心，极言民教龃龉之害。其辞更足发聋而振聩。三卷则统论回教本末，并喀什噶尔叛逆情形。四卷则备载赫、威二公《局外旁观论》《新议论略》，而总理衙门致各国书、镂公覆，均附及焉。

余尝细读一过，乃叹林君惧中国邦交之礼未修，教化之施未广，欲为我朝奠亿万年灵长之绪，用意至深且厚。而居中国久，洞达事理，所言实中肯綮，诚识时务之俊杰。彼有心世道者，要宜急为嘉纳。

而余谓今日中西关系之大则尤在传教一事。盖制造与遣使业已次第举行，而各行省教士与居民终觉诈虞之未泯。苟有司百职事不先为之维持调护，何以消衅隙而敦和好？此鄙人之所为隐抱杞忧者也。然调护正非无术也。何则？华人知中国圣教之善，而不知西国之所谓圣教其仪

[1] 该跋出自沈毓桂：《中西关系略论·跋》，见《万国公报》（第十五册），第9243页。或参见李天纲编校：《万国公报文选》，北京：生活·读书·新知三联书店1998年版，第200—201页。

文虽异，而以善及人之心无异。且“上伦下伦”之说，与我圣经[1]所云“获罪于天，无所祷也”，又云“居处恭，执事敬，与人忠”，又云“亲亲仁民”“仁民爱物”之旨何异？是固与释道二氏之清静寂灭无益，于修齐平治之数者相去不可以道里计。而人顾于此断断如者，一由误疑教士之中怀叵测，一由少见多怪，胶柱不通。是盖不可无人焉，为之大声疾呼，以开其锢蔽。而林君是书，先得我心，此真一世界中不可少之书矣。

至若是书先分列于《公报》，后校刊于武昌。今君又倩申报馆用活字排印，海内风行，不胫而走。要皆足以表扬林君惠爱中国之盛心于无已，而余之推重是书者意更有在，用即其所见者论列于后云。

光绪壬午岁[2]夏六月沈寿康识，时年七十有五

[1] 此处“圣经”，指儒家经典《论语》。

[2] 光绪壬午岁，即1882年。

参考文献

1. Young J. Allen, *China and Her Neighbors*, Cambridge: Harvard-Yenching Library, 1876.

2. Young J. Allen, *China and Her Neighbors*, Canberra: National Library of Australia, 1876.

3. 顾廷龙、戴逸主编：《李鸿章全集》，合肥：安徽教育出版社2008年版。

4. 解力夫、冯光著：《宋氏家族》，北京：社会科学文献出版社1996年版。

5. 陈晶著：《上海基督教会学校女子音乐教育研究》，上海：上海音乐学院出版社2016年版。

6. 贝奈特著，金莹译：《传教士新闻工作者在中国：林乐知和他的杂志（1860—1883）》，桂林：广西师范大学出版社2014年版。

7. 卢明玉著：《译与异：林乐知译述与西学传播》，北京：首都经济贸易大学出版社2010年版。

8. 范祎等著：《林乐知先生传》，民国丛书1924年版。

9. 丁名楠、余绳武著：《帝国主义侵华史》，北京：人民出版社1991年版。

10. 吴凤斌著：《契约华工史》，南昌：江西人民出版社1988年版。

11. 杨国标、刘汉标、杨安尧著：《美国华侨史》，广州：广东教育出版社1989年版。

12. 文廷式著：《纯常子枝语》，扬州：江苏广陵古籍刻印社1990年版。

13. 马明良：《〈古兰经〉汉译活动与伊斯兰教本土化》，《世界宗教研究》，2011年第2期。

14. 易惠莉著：《郑观应评传》，南京：南京大学出版社1998年版。

15. 林乐知著译，蔡尔康纂辑：《中东战纪本末》，台北：文海出版社1980年版。

16. 林乐知著译，蔡尔康纂辑：《李傅相历聘欧美记》，长沙：岳麓书社1998年版。

17. 李天纲编校：《万国公报文选》，北京：生活•读书•新知三联书店1998年版。

18. 手代木有儿著，李鹏运译：《钟天纬的中西文明论——西方体验与林乐知〈中西关系略论〉的影响》，《近代中国》，2013年第23期。

19. 李济琛主编：《戊戌风云录》，北京：金城出版社2014年版。

20. 黄晶著：《康有为传》，北京：北京联合出版公司2013年版。

21. 杨锡贵：《郭嵩焘〈使西纪程〉毁版述评》，《船山学刊》，2013年第4期。

22. 曾国藩著：《曾国藩全集》，长沙：岳麓书社2011年版。

23. 茅海建著：《苦命天子：咸丰皇帝奕詝》，上海：上海人民出版社1995年版。

24. 熊月之主编：《上海名人名事名物大观》，上海：上海人民出版社2005年版。

25. 陈旭麓、方诗铭、魏建猷主编：《中国近代史词典》，上海：上海辞书出版社1982年版。

26. 陈旭麓、顾廷龙、汪熙主编：《盛宣怀档案资料选辑》，上海：上海人民出版社2001年版。

27. 韩丛耀主编：《中华图像文化史·图像光学卷》，北京：中国摄影出版社2016年版。

28. 齐君：《赵元益与近代中西医学交流》，《史学月刊》，2016年第2期。

29. 宝鋆等编撰：《筹办夷务始末·同治朝》，故宫博物院1930年影印版。

30. 宝鋆等编撰：《（同治朝）筹办夷务始末》，香港：蝠池书院2013年版。

31. 中国史学会主编：《洋务运动》，上海：上海人民出版社2000年版。

32. 韩东育：《日本拆解“宗藩体系”的整体设计与虚实进路》，《近代史研究》，2016年第6期。

33. 李宗羲著，方宗诚编：《开县李尚书（宗羲）政书》，台北：文海出版社1970年版。

34. 蓝琪：《论中亚希瓦汗国》，《史学月刊》，2012年第12期。

35. 容闳著：《容闳自传：我在中国和美国的生活》，上海：百家出版社2003年版。

36. 袁伟华主编：《化学奇趣》，延吉：延边大学出版社2006年版。

37. 郭九林著：《美国市民与禁酒》，厦门：厦门大学出版社2012年版。

38. 金宜久主编：《伊斯兰教史》，南京：江苏人民出版社2006年版。

39. 法土拉·葛兰著，彭广恺、马显光译：《先知穆罕默德的生命面貌》，北京：宗教文化出版社2006年版。

40. 费希尔著，姚梓良译：《中东史》，北京：商务印书馆1979年版。

41．马坚译：《古兰经》，北京：中国社会科学出版社2006年版。

42．昂里•马塞著，王怀德、周祯祥译：《伊斯兰教简史》，北京：商务印书馆1978年版。

43．詹姆斯•温布兰特著，韩志斌、王泽壮、尹斌译：《沙特阿拉伯史》，上海：东方出版中心2009年版。

44．张志湘主编：《广东伊斯兰学术论坛论文选集》，广州：广东经济出版社2012年版。

45．布哇著，冯承钧译：《帖木儿帝国》，上海：商务印书馆1935年版。

46．林幹、高自厚著：《回纥史》，呼和浩特：内蒙古人民出版社1994年版。

47．王灵桂著：《中国伊斯兰教史》，北京：中国友谊出版社2010年版。

48．李进新著：《新疆伊斯兰教汗朝史略》，北京：宗教文化出版社1999年版。

49．刘正寅、魏良弢著：《西域和卓家族研究》，北京：中国社会科学出版社1998年版。

50．刘维新主编：《新疆民族辞典》，乌鲁木齐：新疆人民出版社1995年版。

51．包罗杰著，本馆翻译组译：《阿古柏伯克传》，北京：商务印书馆1976年版。

52．《新疆通史》编撰委员会编，董志勇等译：《英属印度的北部边疆（1869—1895）》，乌鲁木齐：新疆人民出版社2014年版。

53．李盛平主编：《中国近现代人名大辞典》，北京：中国国际广播出版社1989年版。

54. 叶柏川：《早期俄国来华使团人员构成考察》，《清史研究》，2003年第1期。

55. “中央研究院近代史研究所”编：《教务教案档》（第三辑·第一册），台北：“中央研究院近代史研究所”1975年版。

56. 贾树枚主编：《上海新闻志》，上海：上海社会科学院出版社2000年版。

57. 王怀德、郭宝华著：《伊斯兰教史》，银川：宁夏人民出版社1992年版。